中学受験に合格する親子の

24の

「魔法の会話」

石田勝紀

Katsunori Ishida

PHP研究所

はじめに

本書は、中学受験にかかわらず、すべての子どもに適用できる会話集です。なぜ中学受験という言葉をタイトルに使ったのかといえば、中学受験は小学生にして、すでに大量の知識のインプットや大量の演習を課されるため、中学受験をしない子に比べて、早い段階で、**「ある一定のベース（地《ぢ》頭《あたま》のような基盤部分）となるもの」**が求められるからです。

中学受験は、目標校の設定、そこへ向けた戦略と計画、そして毎日コツコツとこなしていく継続力・忍耐力が求められることは周知のことですが、小学生の段階でこれができる子（早咲きの子）とまだできない子（遅咲きの子）がいることを親自身がわかっていないことが多いため、目先の子どもの様子や勉強の出来不出来に対してイライラして「強制ワード」を使い、

命令口調で子どもに勉強を強《し》いるということが少なくありません。

早咲きの子は、ある意味、どのようなことでもそれなりにこなしていくため、特に問題は生じませんが、遅咲きの子になると、問題が生じます。つまり、まだ芽が出ていないのに、無理やり芽を引き出すようなことになりかねないということなのです。

しかし、それでも中学受験をさせたい、また子ども本人も中学受験をしたいというケースもあります。

中学受験は、私個人の意見としては、家庭の方針に合わせて選択すればいいため、受験してもしなくても、どちらでもよいと思っていますが、小学生の段階ですでに知的好奇心の能力がかなり発揮されていて、学校の勉強が退屈という子もいます。そのような子は、先取り学習的に中学受験の勉強をすると、ちょうど「居心地のいいゾーン」に入ることができます。

一方、まだそのような好奇心が生じることなく、子どもらしい遊びをするだけの子もいます。このような子には無理に高度な知識をインプットする必要はなく、その子の段階に合わせて伸ばしてあげれば、後々、大きな花を咲かせていきます。

要するに、その子に合わせたやり方で、その子にあった適切なものを与えていけばよいのですが、どうしても、親の「欲」が先行して無理に子どもの可能性を引っ張り上げようとしてしまう場合もあるのですね。

しかし、ここで重要なことをお話ししておかなくてはなりません。それは次のことです。

「子どもは、ある環境を与えてあげれば、伸びる速度が上がっていく」

ということです。遅咲きの子でも、中学受験をして合格を勝ち取ることはできます。そのためには、無理に勉強をさせていくのではなく、「勉強したくなっていく環境」をつくってあげれば、伸びていくということなのです。

では、その環境をどうつくっていけばいいのか？

それは、本書で公開する**「魔法の会話」でつくっていく**のです。

親は教師ではないため、プロの指導者のように勉強を教えるという振る舞いをするよりは、日常の自然な会話のなかで、子どもの能力を引き出していくだけでよいと考えています。

これまで30年以上、多くの家庭状況や親子関係をみてきました。さらに現在でも、全国で行っている「Mama Café」というカフェスタイル勉強会で毎年1500人以上のママさんからの相談を直接受けています。そこからわかった、**「中学受験を成功させる家庭の会話」**をまとめてみました。

会話は、誰でもいつでも簡単にできるものです。お金もかかりません。実は、そのようなところに、とてつもない「重要な秘密」が隠されているのです。

しかし、日々、なんとなく生活し、なんとなく日々は流れ、そして目の前の子どもの一《いっ》挙手《きょしゅ》一投足《いっとうそく》に敏感に反応してしまいます。それはごく自然なことですし、別に悪いことでもありませんが、中学受験というゴールを設定し、そこに到達するためには、それでは非効率かもしれません。

もっと、効率的、効果的なやり方があるとしたら、どうでしょうか。日常の会話を少しだけ変えてみるだけで子どもは変わり、親も変わり、子どもの能力も高まっていくとしたらどうでしょうか。それらを実証してきた会話例を24パターン出しましたので、ぜひ日常の会話でいくつか使ってみてください。そして、変わっていく子どもさんを日々実感してみてください。

２０１９年7月

石田勝紀

◎『中学受験に合格する親子の「魔法の会話」』——目次

第1ステップ やる気を引き起こす「会話」

第2ステップ 賢い頭脳をつくる「会話」

第3ステップ 入試を突破できる心の強い子にする「会話」

第4ステップ 生活習慣が整う「会話」

第5ステップ よく質問される中学受験Q＆A

第1ステップ

やる気を引き起こす「会話」

現在、私は、「Mama Café」というカフェスタイルの勉強会を全国で開催していることもあり、年間直接相談件数で１５００件以上、それ以外にメールやサイトからの相談が１０００件以上あります。

年間１００回以上行っている講演会での質問以外にもこれだけの相談件数があります。個別の相談件数だけで２５００件ほどの相談を毎年受けていることになります。

これだけの件数を日々リアルタイムで受けていると、現在の日本の家庭事情、教育事情がどのようであるかがよくわかります。

「うちの子やる気ないんです」
「勉強へのモチベーションがなくて」
「やる気のスイッチはどこにあるのでしょうか？」

つまり、やる気にかかわる質問です。大都市圏では、中学受験を考えているご家庭も多く、そのようなご家庭でも、まったく同じように、最上位にこの質問が出てきます。

それにしても、どうして子どもは勉強に対してやる気を出せないのでしょうか。理由は様々あると思いますが、最大の理由は「面白くない」からです。

勉強よりも楽しいことがたくさん身の回りにあり、そちらに心が動くのはごく自然なことです。それでも親は、勉強を〝やらせよう〟とします。やらせようとすればするほど、子どもの気持ちは勉強から遠ざかってしまうにもかかわらずです。これも謎のひとつです。

逆行するのに、ついやってしまうという人間の心理。不思議ですね。中学受験が成功したご家庭でも、もちろん親が勉強をやらせるということもありますが、実はそれ以上に、上手に子どもの心理を活用して、やる気になるような対話をしているのです。

そこで、第1ステップでは、この「やる気」に関係する会話についてまとめてみました。ここでの会話集は、私が講演会や「Mama Café」、さらにはママ向けの会員制勉強会「Mama Café プライム」でもいくつかお話ししているものですが、本書で初めて活字として公開しました。

さて、実際の会話例に入る前に、このことを確認しておきましょう。それは、どうすれば人はやる気になるのかという「超根本」のお話です。

人間がやる気になるためには次の3つのいずれかが必要になります。

1.「本気」の心境になれるかどうか
2.自分に「利」があるかどうか
3.自ら「目標」が設定できるかどうか

これらについて簡単にお話ししておきましょう。

1の「本気」ですが、通常、多くの子どもたちは、勉強に対して本気になれません。好きなことであれば自然と本気になっていけますが、好きでもない勉強を本気にさせることは至難《しなん》の業《わざ》です。

しかし、簡単ではないかもしれませんが、多少のスキルがあれば、できないわけでもないのです。

この第1ステップでは、そのスキル（どうやって気持ちを変えていくかというスキル）について一部を公開しますので、ママさんだけでなく、指導的立場の方も、ぜひこのスキルを活用してみてください。本気になっているかどうかの確認をする方法もありますので、それもご参考ください。

2の自分に「利」があるかどうかということですが、当たり前のことですが、自分に「利」がないのに動くわけがないですよね。

勉強することに「利」を感じないというはなぜでしょうか。

それは勉強をやっていてよかったと思える日がくるのは、かなり先の未来だからです。今日勉強して、すぐ偏差値が10上がるのであれば、たちまちやる気になるでしょう。自分に「利」があることがすぐわかりますからね。

親は過去（自分の子ども時代）から現在までの流れを知っているため、子どもの今後を予測できてしまいますが、子どもはまだ経験していないので、「今、勉強をやっておけば後で得するから」と言われても、現実味がなく、子どもの心に響くことはあり得ないのです。
では、子どもにとっての勉強の「利」とは何か？
それは、「面白い」「楽しい」と思うことなのです。子どもがゲームにハマるのは、この「利」がゲームにあるからなのです。でも、多くの子どもにとっての勉強という名の超つまらないものを「面白い」「楽しい」にできるのでしょうか。

できます。それがプロというものです。しかし、「指導のプロではない親はどうしたらいいの？」という疑問が出ますね。それにはふたつのスキルがあるのです。

ひとつは親が「学びって超楽しいよね～」という気持ちを持ち、それを口にしていくことです。

ですが、子どもに強制はしません。つまり「あなたも楽しみなさい」とは言わないということです。そのように強制ワードを言われると人は楽しめなくなるものです。だから、口で「うわぁ、面白い〜」とか言っていればいいのです。それを子どもは聞いています。

後でも紹介しますが、これを**「間接話法」**と言います。直接言って聞かせるのではなく、間接的に聞かせるというスキルです。

ふたつ目は、親は勉強が好きではないけれども大切だと思っているというケースです。親が勉強を楽しいと思ってもいないのに、口で楽しいと言ってもそれは嘘になりますよね。**そういうときは「ママは勉強できなかったから教えられないけど、しっかり学校や塾でやってきてね」と正直に言ってしまうのです。親ができるサポートは「勉強以外の部分でやるよ」ということを伝えていくといいのです。**

そうすると勉強の世界では相対的に子どもは親の上に立っていきます。これが子どもの

主体性とか自立という状態につながっていくのです。

そして子どもがやる気になる3つ目は、「目標の設定」です。これは定番ですが、やはり人は、目標やゴールが決まるとやる気が出てきますね。

しかし、この目標を親が決めてしまうと、本人はやる気が出てこないのです。なぜなら、目標を人が決めると「やらねばならないこと」になってしまうからです。そうではなく「やりたいこと」でないと人は、やる気にならないのです。

では子ども自身にどのように設定させていくのか？　それがスキルです。どのような会話をしてそのような状態にしていくのか、ぜひ参考にしてみてください。

魔法の会話1
【本気にさせるための会話】

先ほども書きましたが、「本気」になると人はやる気が出てきますが、この「本気」というのが、どの程度「本気」なのかわからないときがあります。「本気」になっているかどうかを確認する最も手っ取り早い方法は、その子の「行動」を見ればいいのです。

人は「本気」になると必ず行動してしまいます。もし口だけで行動していないとしたら、それは「本気」ではないということになります。でも人を「本気」にさせることってできるのでしょうか。１００％誰でも本気にさせられるとはかぎりませんが、かなりの確率で本気にさせる話し方があるのです。それが次の会話です。

親：「どこの中学に行きたいの？」（またはどれぐらいの点数、偏差値、クラスでも可。要するに目標について質問する）

子ども：「○○中学かな」

「そうなのね。今の力だとどうなの？」

「まだ全然足りない」

「まだ足りないんだ。この間聞いた話なんだけどね、人って思ったことが実現するという法則があるみたいよ」（ざっくりとした意外な短い話だけする）

「何それ？」

「例えば、○○中学に行きたいとするよね。そうするとその中学に行けるという話」（そんなことあり得ないと感じることを言う）

「そんなわけないじゃん。それで行けるならみんな行っている」

「そうよね普通は。でもね、『思ったこと』というのは『本気で思ったこと』が実現するという意味なのよね」（ここからいよいよ本論）

「……」

「本気というのは、どういうことかというと、『その中学に行くと決める』ということで、『行きたい』とか『行ければいい』というのは本気ではないということなのよ」

「……」

「でね、本気でその中学に行くと決めるとね、必ず行動してしまうんですって。もし行くと決めても、全然勉強しなかったら、それは本気ではないということなのよね。だから、本気で決めると行動しちゃうから、だんだんと伸びていって、最後には実現するということなのよ」

この会話でおわかりいただけると思いますが、やる気になるためにはまずは「本気」であることが必要なのです。

「本気」であるとは、「決める」ということなのです。

受験を考えている子どもたちと接していると「できれば合格したい」という気持ちで目標設定している場合が少なくありません。

これは、心の奥底でうまくいかなかったときの言い訳を事前につくっておくという意味があるのです。ですから、アクセルを踏みながら、ブレーキも踏んでいる状態なのです。

成功だとか、失敗だとか、そのようなことを考えるのではなく、現在の自分の学力がどうであれ、まずは、ただ「本気で行きたいかどうか」ということなのです。

この信念があるのとないのとでは、大きな差が出てきます。実際、子どもたちとのやりとりでは、私は何度も確認します。どの程度、信念化されているかを確認するのです。

目標はただつくればいいというものではなく、「行きたい」ではなく「行くと決める」かどうかが重要なのです。

魔法の会話2【勉強の目的を知るための会話】

子どもたちの中には、「なぜ勉強しなくてはいけないの?」と言う子がいます。このような子は、一般的に精神年齢が高い傾向にあり、それはとても重要な疑問なのです。しかし、多くの大人は、この疑問に答えなかったり、答えたとしてもお茶を濁《にご》すようなことを言ってしまうことがあります。

さすがに令和の時代に「いい会社に入れるから」はないとは思いますが、よくある典型的な返答としては、次のようなものがあります。

NGワード「今、勉強しておけば、いずれ役に立つから」

NGワード「勉強しておけば、今後の選択肢が増えるから、やっておいたほうがいい」

NGワード「このような勉強は今しかできないからやっておいたほうがいい」

NGワード「いい学校に行けるから」

NGワード「行きたい学校に合格するために必要だから」

NGワード「私たちもやってきたから」

NGワード「みんなやっているでしょ」

これらの返答に多くの子どもたちは納得していません。

将来のことを言われても、子どもには響きません。また、勉強しなくても世の中で活躍している人はいますし、ハッピーな人もいます。行きたい学校に行くためというのは、表面的には間違っていませんが、行きたい学校がない子や、あったとしても、単純に受験のためだけの勉強？　という疑問が心の奥にあったりします。

「何のための勉強なの？」という質問、そう軽々しくは答えられませんね。本当に難しいと思います。

しかし、これは、多くの子どもたちが潜在的に感じていることでしょうし、私たち大人も、このような本質的なことを意識して、今まで勉強していなかったのではないでしょうか？（私自身は、少なくとも大試練が訪れる20歳まで勉強の意味がまったくわかっていなかったのです。ただやらなければいけないもの、受験のためのもの程度でした）。

私がこれまで指導してきた子どもたちも、初めは、勉強はみんながやっているから、〝当たり前のようにやらなければならないもの〟と思って何の疑問も感じずにやっていました。真面目な子は特にそうですね。

教育分野の世界では、そのように真面目にやっている子を評価し、そうではない子（勉強の意義に疑問を持っている子）に対しては良い評価を下さない傾向があるのですが、実は、疑問を感じる子こそ大切にしなければなりません。

では、一体、勉強は何のためにやっているのでしょうか？

目先の目的としては、「（中学受験の場合）○○中学に合格するために勉強している」というのは正しいでしょうが、「じゃ、○○中学に合格して、その先は？」と聞かれるとおそらく「○○大学に合格するため」となるでしょうね。さらにその先は「○○会社に入るため」になるのでしょうか？

次のような子どもとの問答をご覧ください（これは実際に私が子どもたちにしてきた話です）。

子ども：「先生、このまま勉強して○○中学に合格できますか？」

私：「現段階では可能性としては30％だね。秋の模試で偏差値が50まで上がれば可能性も見えてくるね」

「でも、今やっている勉強って、もし志望校に落ちるようなことになったら、意味なくなりますよね」

「そうかな。今やっている勉強は、来春の入試に向けての勉強であることは確かだけれども、その入試のためだけだと思っているの？」

「え、違うんですか？　それ以外に、勉強の意味ってあるんですか？」

「たくさん、あるんだよね～」

「……」

「たくさんあるけど、ふたつだけ話をしようか。まずはね、頭の使い方の勉強になる。例えば、算数では、いくつかの基本パターンを知っていると、その組み合わせによって複雑な問題が解けるようになるよね。世の中に出ると、複雑な問題だらけだけど、実は原因って、簡単な基本の組み合わせだったりするんだよね（中学生以上の場合には次のような話↓『数学の因数分解ってあるね。あれは、複雑な形をした式が、いくつかの要素に分解されたもので成り立っているね。つまり、世の中の複雑な現象は、いくつかの問題に分解できて、それの掛け合わせで起こっている、というように応用できるんだ』）。

理科で実験があるよね。あれは、『多分こうじゃないか（仮説）と考えて、実験して試す（検証）』よね。実は、この考え方は社会に出て働けば当たり前にやることなんだけれども、理科はただの暗記と思って勉強していると、君の言う通り、勉強は役に立たないね。

しかし、このようにして意味がわかっている人には、勉強したことが役に立っているんだよ。つまり学校の勉強というのは『たくさんの種類の考え方』を学んでいるんだよね。社会に出ると意識せずに、国語的に考えるとか、算数・数学的に考えるとか、理科的、社会的に考えて解決することがたくさんある。だから今の勉強は、そのためのシミュレーションということだ。だから、学校の勉強はすべてに意味があるんだ」

「そんな意味があるんですね。そういう話は聞いたことがなかった！」

「もうひとつはね、かなり重要なことなんだけども、それは自分の成長のため

に勉強があるということだよ。だからトップ校に行く人と比べて自分ができないという比較ではなく、1カ月前の自分と比べて成長したのかどうか、それが重要になる！

また今、勉強して、仮に来年の入試で、自分が行きたい中学に合格できなかったとしても、今よりは成長しているよね。努力を続けた子は、来年の2月には目標まで届かなくても、中学では、さらに伸びていくんだ。途中であきらめると、それが癖になって、何かあるとあきらめる人間になってしまう。中学受験で人生が終わるんじゃないんだからね、人生にはまだまだ先がある。しかし、コツコツ努力し続ける人が、最終的に、成長できる人になり、自分のやりたいことができるようになっていくんだよね」

「なるほど、そういうことなんですか！」

「だから、目先の受験に合格するための勉強という意味も確かにあるけど、やる

「だけやって仮にダメであっても、その先でさらに伸びていける人になりたいと思わない？」

このような話を私は今まで幾度となくしてきました。

中学生、高校生対象の講演会でも、必ず話すテーマのひとつです。

子どもたちは、意味がわかれば、意欲的に頑張っていきます。今までつまらないと思っていた勉強に対する見方が変わります。趣味やスポーツでも、同じではないでしょうか。試合やコンクールで勝てない、トップになれないのになぜやるのでしょうか？「楽しいから」「やっていて意味を感じるから」「仲間との連帯感があるから」など、理由はたくさんあることでしょう。

勉強も同じなんです。意味があるのです。

ただ、意味がないようなやり方をしていたり、意味を認識できる機会がなかったり、強制的・義務的であったりするために、ネガティブになってしまうのですね。

魔法の会話3【夢を育む会話】

やる気になれる要因のひとつに「夢を持つ」というのがあります。

しかし、この「夢」という言葉はとても曲者《くせもの》で、大人は夢のある子どもを、それこそ夢見ているのです。そうするとややこしいことが起こります。

それは、夢を持っていない子に「大丈夫か？」と感じてしまうことになるのです。そして夢を持たせようとあれこれ画策することすらあります。すると、これは強制されて持った（夢を言わなければならないから言った）夢であり、本当の夢ではないのです。

例えば、家庭が代々医者の家族であった場合、親が「お前は医者になるんだからな」と言うことでレールを敷《し》いていくことがあります。開業医はできれば、家業を継《つ》いでもらいたいと思うのは当然で、そのような〝計画〟を立てることはあるでしょう。

しかし、子どもが医者になることを嫌がり、仕方なしに親に言われるまま進んだ場合に、悲劇になる場合があります。

そうやって現在、仕方なしに医者をしている方から何通も相談メールをいただき、「自分はそのように育てられたけど、自分の子どもにはそうはさせたくない」という方もいました。法学部↓弁護士というコースも同じで、一般に文系であれば法学部、理系であれば医学部が偏差値が高いというイメージがあるため、その理由だけで、法学部↓弁護士コース、医学部↓医者コースを選択していくと、後々、後悔する場合もあるのです。

本人が希望して行くのであれば、何の問題もありません。小さいときに病気がちで医者に助けてもらった経験から、自分も人を助けたいから医者になりたいというのは本物の夢ですね。

アレルギー体質であった経験から、薬剤師になりたいというケースもたくさん見てきました。

これを「夢の原体験」といいます。このような夢の原体験があると、夢はかなりの起動力になります。しかし、このような原体験がなくても問題ありません。やがて、自分のやりたいことに出合っていくことが一般的ですから。

以上から、夢というのは強制されて持つものではなく、自然と、自発的に生まれてくるものであるということを言いたかったのです。そして、やがて、そのように自然と出てきた夢（○○中学に合格する！　ということも夢のひとつ）である場合、親としてどのように対応していけばいいでしょうか。

【ドリームキラーのケース】

子どもが夢らしい発言をしたときに、その子どもの夢を壊すような言動をすることがあります。

夢を壊すと同時に、希望も壊してしまう最悪のケースです。子どもが発言したときに、その考えについて否定的な意見を言われた場合、その考えを否定されたのか、自分の人格を否定されたのか、その区別がなか

なかつきません。

仮に子どもが人格を否定されたと受け取ると、自分自身への希望も損《そこ》なわれます。世の中に子どもの夢や希望を意図的に壊そうと思う親はいません。

しかし、無意識に壊している可能性が実に多いのです。これを一般に「ドリームキラー（夢の破壊者）」といいます。

◆ドリームキラーの例1

小学生の子どもが「僕はパイロットになりたい」と言った場合

NGワード「そんな夢ばかり言っていないで、勉強しなさい！」

NGワード「パイロットになるのに、どれだけ大変か、わかって言ってるの？」

といったようなネガティブな対応をすること。

◆ドリームキラーの例2

偏差値の高い中学に行きたいと言った場合

NGワード「(うんざりした感じで)模試の結果見たの?」

NGワード「よく言うわ」

NGワード「じゃ、ちゃんと勉強しないとね!」

これらの言葉は、言われたくない言葉の代表例です。

しかし、なぜか親は言ってしまうことが少なくありませんね。なぜ効果がないと思いながら言ってしまうのかは謎ですが、いずれにしても言うこと自体、意味があるとは思えません。

【ドリームサポーターのケース】

「いいね〜」

「応援するよ〜」

「じゃ、今度学校見に行こうか～」
「計画を一緒に立てていこうか」

先ほどのドリームキラーの例と比べて、言葉の種類として何が違うかおわかりでしょうか。

ドリームサポーターとは夢を応援する支援者のことですが、これらの言葉はいずれも未来につながっている言葉です。一方のドリームキラーは、過去のことや現在のことを引き合いに出して潰していくことが多く、現実からの延長線上で物事を言っているのです。もし、今までドリームキラーとしての会話をしていた方は、この機会にぜひ、ドリームサポーターの会話を試してみてくださいね。

魔法の会話4

【主体的な子どもにする会話】

主体的な子どもになってほしい。これは親であれば誰しも願うことのひとつですね。

しかし、主体的になるには、主体的になりなさいと言っても徒労に終わることが少なくありません。なぜなら、ある物理法則が働いてしまうからです。その物理法則を、**「作用・反作用の法則」**と言います。

「作用・反作用」とは物理学で出てくる言葉です。

例えば上に高くジャンプしようとするとき、地面を蹴ります。このときに、膝を曲げて強く蹴るほど、高く飛び上がれます。つまり、地面に加えた力の分だけ、高くジャンプすることができるわけです。このように、加えた力と同じ力が反対方向に働くことを、「作用・反作用の法則」と言います。

この法則を、人間関係に当てはめるとどうでしょうか。例えば、誰かから「嫌い」と反発されたら、あなたもその人のことを同じように「嫌い」になって反発するでしょう。反対に、自分に好意を寄せてくれる人のことは、これまで嫌いであっても、相手を受け入れる気持ちになるのではないでしょうか。**この原理を使って子どもを主体的にしていくといいのです。**主体性はやる気にもつながっていきます。

例えば、最近話をしてくれなくなった我が子を心配し、学校であったことをネタに話を切り出すということがあります。そのときもし、学校であったことを根掘り葉掘り聞くとどうなると思いますか。

反作用が働き、同じぐらい強い気持ちで「話さない！」という力が働き、ますます話をしなくなるでしょう。それよりも逆に親から次のような雑談的なテーマの会話をしてあげるといいでしょう。

「今日ね、スーパーに行ったら、あなたの友達に会ってね、向こうから挨拶してくれてなんか嬉しかったわ」

「え、誰？」
「幼稚園のときの友達の○○さんよ」
「どんな感じだった？」
「雰囲気は昔と変わらないけど、ずいぶん大きくなったわね」
「どれぐらい大きかった？」

このような雑談をしていくといいのです。**この会話では、子どもが気になるテーマを使っています。気になるテーマなら、子どものほうから質問してくるようになるからです。**

一方、勉強のことを話題にする質問の会話パターンは避けたほうがいいでしょう。

なぜなら、勉強の話題になると、親は上から目線で話をしてくることを子どもは知っているため、嫌がるからです。

雑談であれば、親子の関係はフラットになります。フラットになれば、話をしてきます。これが主体性につながる一歩なのです。

もちろん子どもから勉強の話が出てきたら、受けてあげますが、親から根掘り葉掘り勉強についで問いただすことはやめたほうが無難です。主体的になる一歩として、子どもが自ら積極的に話をする状態にもっていくといいでしょう。

魔法の会話5

【目標達成できる子にするための会話】

目標設定は、やる気になるために必要な要素の一つです。

しかし、目標とひと口に言っても、実は極めて重要なことが背景にあるのです。それは何かというと、通常、目標設定をしても、なかなかそのラインに到達しないということなのです。このお話は、お子さんの中学受験の目標校を設定する上で重要な内容ですので、少し詳しくお話ししますね。

「目標は通常実現しない」のです。

先ほど、思ったことは実現すると言ったことと相反すると思われるかもしれませんが、反しないのです。実は多くの場合、目標設定した段階で、その目標は無理かもしれないという意識が背景にあるのです。ですから、その無理という気持ちが、先に働いてしっかりと実現してしまっているのです。

しかし、端《はた》から見て、目標が達成できているように見える人がいます。そのような人たちはあることを知っているのです。そのあることとは次のことです。

「目標到達のためには、その目標が途中経過になるように設定しなければならない」

１００メートル走でたとえれば、１００メートル先のゴールを最高速度で到達するためには、意識の中でゴールを10メートル先の１１０メートル地点におきます。１００メートル地点に定めると、どうしてもゴールの手前でゴールを意識しすぎて力が入り、失速してしまうのです（人間の意識とは不思議なものです）。

ですから１００メートルを途中通過地点にします。

しかしあまりにも目標が遠いと、最高速度で通過できないため、だいたい10％から15％増しぐらいにします。

スポーツ大会でも同じことが言えます。３位以内を目指すのであれば、優勝するためのトレーニングをしなければなりません。３位を目指しているうちは、３位にはなれないものです。

人間は、目標をつくると、どうしてもその目標という〝天井〟ができてしまうため、その範囲内で何とかしようと努力するので、その〝天井〟まで至ることができない場合が多いのです。

続いて次の会話をご覧ください。この会話は私がよく生徒に話をしていた内容です。

私：「よし、わかった。では次に確認をしたいことは、木村君の現状の学力だ。目標の中学に受かるには入試で75％の点数を取らないといけないけど、それはわかっている？」

木村君：「はい。今、模擬試験では60％までは取れているのであと15％は上げな

いと」

「そうだね。しかしここで重要なことを話しておこう。75%取るためには85%を目指して勉強しなければならないということなんだよね」

「え！　そうなんですか！」

「75%取ろうと思って勉強すると、どうしてもその手前で終わってしまう。だから目標校に合格する水準の75%を取ろうと思うなら、10%増しの85%を取ろうと思って勉強するといい。そうすると75%は途中経過になるからね」

目標設定で大きな過《あやま》ちなのが、合格点を取るための勉強をしてしまうということなのです。合格点を取ろうと思って勉強するのではなく、10%増の点数を目指して勉強していくのです。

ランキングであれば、ひとつ上のランキングを目指して勉強していくのです。目標を意識しすぎると、それを越えるのか越えないのかということにこだわりすぎてしまいます。ですので本来の目標は途中経過にしてしまうことで、すんなりと合格を勝ち取っていくというのがコツなのです。

この目標設定の最大原則は一般に世に出ないため、一部の成功者しか知りません。そのような人は、意識してなのか無意識なのかはわかりませんが、いずれにしても適用していることが多いのですね。ぜひこのことをお子さんに教えてあげてください。

魔法の会話6

【直接言わなくても自主的に行動するようになる会話】

子どもに何かをやらせたいときに、直接「〇〇しなさい」と言うことが少なくありませんね。それはそれで特に問題があるわけではありませんが、皆さんも子どもの頃に「今やろうとしていたのに言われた」経験をお持ちの方もいることでしょう。やろうと思っていたときに、親はなぜかそれを察知したかのように言ってくるのは、なかなかのものです。

しかし、やろうとしていたときに言われることほどイラつくことはありませんよね。そこで、この節では、言わなくても自らやるようになる特別な手法をお伝えしましょう。

この方法は、直接的な会話ではなく、間接的な会話を使うスキルで、これを「**間接話法**」と言います。

まずは、私が子どもたちを指導していたときの会話をご覧ください。

私：「田中君。どこでつまずいているの？」

田中君：「やり方はわかるんですが、どうしても答えが合わないんです」

「原因はどこだろう？」

「計算間違いかも」

「ん～、見たところ間違えてはいないようだよ」

「じゃどこだろう？」

（この段階では、周囲の生徒は、自分の問題演習に集中している）

「この3の（5）の問題は、一番間違いやすい問題だよね。テストによく出る部分だよ。さっき黒板で強調したところは覚えているかな？」

（ここで、周囲の生徒は「一番間違いやすい」「テストによく出る」という言葉に反応する。私は、「一番」「テスト」という言葉をあえて使って、周囲の生徒の耳をこちらへ向ける）

「ああ、そうか。最後の部分だ」

（ここで、周囲の生徒は、自分のやった問題を振り返り、気づいた生徒は消しゴムで消して書き直している）

面白い現象だと思いませんか。周囲にいた生徒たちは、自分の間違いを直接指摘されたわけではありませんが、近くにいる生徒が指摘されたことをよく聞いているのです。「壁に耳あり、障子に目あり」で、集中して聞いていたがための現象なのです。

今までの私の経験上、この間接話法では、次のような利点があります。

①素直に自分の誤りを正すことができる
②集中して聞くことで、内容を記憶することができる（印象に残りやすい）
③自主的に行動を起こす

私たち大人でも、喫茶店で、横で話している人たちの会話は、よく聞いてしまい頭に入ってしまったということは一度ならずとも経験されたことがあるのではないでしょうか。

勉強していて、隣の人の話がノイズになって集中できなくても、隣の人の話を集中して聞き、その内容をすべて覚えているという笑えないことも起こりますね。また、上司が部下を指摘するときも、指摘された本人よりも、それを聞いている周りの社員のほうがよく聞いている、ということもあります。

直接言われる（これを**「直接話法」**と呼んでいる）と、言われた本人は、次に何を話そうかと考えながら聞いていたり、相手の感情を感じ取りすぎて本来聞くべき内容に集中できず、理解力が低減してしまったりします。また、直接言われたことでショックを受けてしまったりする人もいます（言われた内容は残らず、言われたという〝事実〟だけが残る）。要するに横で間接的に聞けば冷静に聞けるということもあるのです。

この間接話法はぜひ一度試してみてください。聞かせたい相手に聞こえるように別の人に対して話をすることで、本来伝えたい人にかなりの効果を挙げることができます。もちろん嫌味に聞こえるような話し方はよくありません。嫌味はすぐに気づかれます。あくまでも自然な形か、一般的な話に聞こえるようにするとよいでしょう。

魔法の会話7

子どもがやっていることを認めていく会話

褒《ほ》めたほうがいいのか褒めないほうがいいのか。多くの親御さんが迷うことがあります。

確かに、褒めてあげればやる気は増大するでしょう。

しかし、私はあえて、褒めることはしなくていいと講演会でも「Mama Café」でもお話をしています。

なぜなら、「褒めてください」と言われると親御さんは、「褒めよう」とします。すると、不自然な場面でも褒めてしまう方がいたり、わざとらしく大げさに褒めたりする方がいるかもしれません。すると、子どもはこれらが故意であることをすぐに見破ります。そうなると、本当に褒めているときにも伝わらなくなる場合があるのです。もちろん、本当に子どもがやったことがすごいことであれば、褒めてあげるのは当然です。

しかし、やる気にさせようという意図が働くと、人は簡単にそれがわかってしまうものなのです。かつて、子どもたちにこの点（親が褒める場面）についてヒアリングしたことがあります。すると、子どもたちは「親がわざとらしく誘導するように褒めていることを見破っていた」のです。

それでも、「褒める」ことは正しい、と私は思っています。**しかし、褒めるというよりは「承認する」というニュアンスが大切であると、私は皆さんに伝えています。**

現代は「承認」欲求がとても多い時代です。「承認」とは最近の言葉でいえば、「いいね」という言葉です。Facebook、Instagramをはじめとした SNS は近年、大盛況です。個人の情報を気の置けない人たちとの間でやりとりしたり、動画をアップロードしたり、ネットの世界では特に活況を呈《てい》しています。

この世界では「いいね！」を押してもらうことで情報が拡散していくことを目的にする人もいますが、一方で「いいね！」をもらいたいという心理も働いています。

つまり他から「承認」してもらいたいという欲求が強く働いているともいえます。

マズローの「欲求五段階説」という有名な説があります。基盤である生存に必要な欲求が満たされると、段階的に次々と欲求が高まり、やがて「承認」の欲求が出てきます（ちなみに「承認欲求」が満たされると、次の最終段階である「自己実現の欲求＝夢の実現」へようやく向かうことができる）。

今はその時代だといえます。おしゃれなカフェでコーヒーを飲む、おしゃれなブランドのバッグを持つ、これも他から認められたいという承認を求めた行動の一種といえます。

人間として人から認められたいという欲求は自然なのですが、これは親子の間でのコミュニケーションにおいても重要なことです。

例えば、次のような会話をするといいでしょう。

「次のテストでは頑張るよ」

「いいね〜、頑張ってね〜」

このように対応を軽く、明るく行うのです。

決して、「本当にちゃんとできるんだろうかね」などと言ってはいけません。実際、子どもが口先だけで言っていることがわかっていたとしても、そのようなことは言ってはいけません。応援するという姿勢の一点張りでいいのです。

実は、この「いいね」というワードは、私が提唱する「子どもの自己肯定感を高める10のマジックワード」のひとつでもあります。非常に軽い言葉であるため、継続的に何度使っても大丈夫です。ぜひ、日常の会話でたくさん使ってみてください。

魔法の会話　まとめ

魔法の会話1【本気にさせるための会話】

「人って思ったことが実現するという法則があるみたいよ」

魔法の会話2【勉強の目的を知るための会話】

「勉強すると、いいことがたくさんあるんだよね」

魔法の会話3【夢を育む会話】

「計画を一緒に立てていこうか」

魔法の会話4【主体的な子どもにする会話】作用反作用

「今日、あなたの友だちに会ったわよ」

魔法の会話5【目標達成できる子にするための会話】

「75％の点数を取りたいなら85％を目指そうよ」

魔法の会話6【直接言わなくても自主的に行動するようになる会話】間接話法

「一番間違いやすい、テストによく出るところだよ」

魔法の会話7【子どもがやっていることを認めていく会話】承認

「いいね〜、頑張ってね〜」

第2ステップ

賢い頭脳をつくる「会話」

賢い頭脳。この言葉はなんとなく、差別的な雰囲気をもった言葉ですね。なぜなら、賢いというのは、生まれつきというニュアンスを含んでいるからです。「頭脳はそんな簡単に、賢くなるはずがない」「もともと出来が違う」といった思いが出てくるかもしれません。

実は、この賢いというのは、私の見解では、確かに「生まれつき」なのです。すでに小さい頃から、なんでもこなしてしまう子、いますね。このような子はもともと、頭脳のスペックが高いのです。

中学受験は、まだ小学生である子どもたちが科目によっては高校入試レベルの問題を解いたりするわけですから、このスペックの影響は多大に受けることになります。つまり、全科目をひょうひょうとやってしまう子がいる一方で、塾の宿題やテスト対策でヒーヒー言っている子がいるのも、これは「頭脳のスペックの差」になります。

しかし、注意しなければならないことは、「うちの子はスペックが低いからしょうがない」と嘆くことではありません。また、スペックの高い子と我が子を比較することもまったく意味がありません。

実は、この頭脳のスペックは、その後の教育によって上がっていくことが、これまでの私の数千人を指導した経験からわかっています。スペックは特に教育しなくても通常は年々上がっていくものですが、これを加速度的に上げていくのが教育なのです。

それにしても、賢い頭脳とは一体、どういう頭脳をいうのでしょうか。

これがわからずに、偏差値が高い子とか、成績がよい子というように漠然と思われている方もいるかもしれませんね。確かに、偏差値や成績がその尺度になることもありますが、なぜ、偏差値が高いのか、成績がいいのか、その背景を知らなくてはなりません。そこに賢い頭脳とは何か？　という要素があるのです。

それは、端的に言えば「考える力」がある状態をいいます。

そうすると今度は、「考える力って何？」という疑問が出ますね。

このステップでは、その「考える力」を高める家庭での会話パターンについて、いくつか挙げていきます。これよって「考える」とは何かがわかることでしょう。

いかに普段考えるということをしていないかということが実感できるかもしれません。それは親も子どもも同じです。

しかし、いわゆるできる子は、日常の生活そのものが「考える」「感じる」「表現する」でできています。日常でできると勉強のときも自然にできてしまう、これが勉強のできる子の実態なのです。机の上だけの勉強ではある程度限界があります。

これからお話しする会話例をいくつかやってみるだけでも効果がかなりあるでしょう。

魔法の会話8

【考える力がつく会話＝読解力を高めるための会話】

「考える頭脳」をつくることで、考える楽しさを知ることができます。

しかし、多くの子どもたちは、日常この考えるという絶好の機会に恵まれることが少なく、それが知的好奇心の芽生えを阻《はば》んでいることが少なくありません。それはなぜかというと、ある〝問いかけ〟がされないからです。そのある〝問いかけ〟をされないと、人は考えることをしないからです。

それを私は**「頭脳のスペックをバージョンアップさせる5つのマジックワード」**と呼んでいます。通称、これらが**「賢い頭脳をつくる問いかけワード」**です。

勉強ができる子たちは、これらの問いかけを自らに問うことができるのです。自問自答しているのです。これが頭脳のスペックが高い子の正体です。中学受験においては、このスペックが偏差値と連動しているといっていいでしょう。

しかし、多くの子どもたちは、勉強自体がつまらないもの、やらねばならないことであると感じているため、自問することすらしません。

そこで、周囲の大人（指導者や親）がこのような問いかけをしてあげることで、自然と考える習性が身につくというものです。この「自然と」という部分が大切です。特に、勉強に対して義務感や、倦怠感《けんたい》、否定的見方を持っている子には、勉強以外の分野での会話で使うといいでしょう。

そうすることで、物事全般にわたって、「考える」という習慣ができるようになります。これができると、勉強も生活の一部であるため適応していくということです。

では、その5つのマジックワードをご紹介しましょう。

「要するにどういうこと？」

「例えばどういうこと？」

「他にはどんなことがあると思う？」

「なぜだと思う？」

「どうすればいいと思う？」


この5つの問いかけを普段の何気ない会話の中でしてあげるといいでしょう。そうすると、問われた子どもは自然と、頭が動き出し考える力と、ついでにクリエイティブな感覚が身についていくようになります。

それではこの5つの言葉について説明しましょう。

①「要するにどういうこと？」（類似した問い：「ひと言で言うと何？」「簡単に言うと何？」）

これは、具体的な内容をまとめさせるときに使います。

子どもの話は、結構個別具体的なことが多いですね。見たまま、経験したままを話す傾向にあるので、「要するに？」と言って簡単にまとめさせるのです。これは国語の読解力問題や要約問題でも威力を発揮します。

②「例えばどういうこと？」（類似した問い：「例をあげるとどんなこと？」「過去に経験したことで言うと何に似ている？」）

これは、抽象的な内容を、わかりやすく具体的に説明させるときに使います。子どもが何か漠然としたことを言った場合、「例えば？」と聞いてあげましょう。すると、相手にわかりやすく伝えるための具体例を考えるようになります。

「要するに？」⇕「例えば？」の関係は、抽象⇕具体の往復をさせることなのです。これだけで、とてもわかりやすい話ができ、論理的になっていきます。

ついでにお話すると、いわゆる賢い子は、話の抽象度の高いことが理解できる子なのです。このように具体⇕抽象をやっていると、自然と国語の読解力が高まっていくという

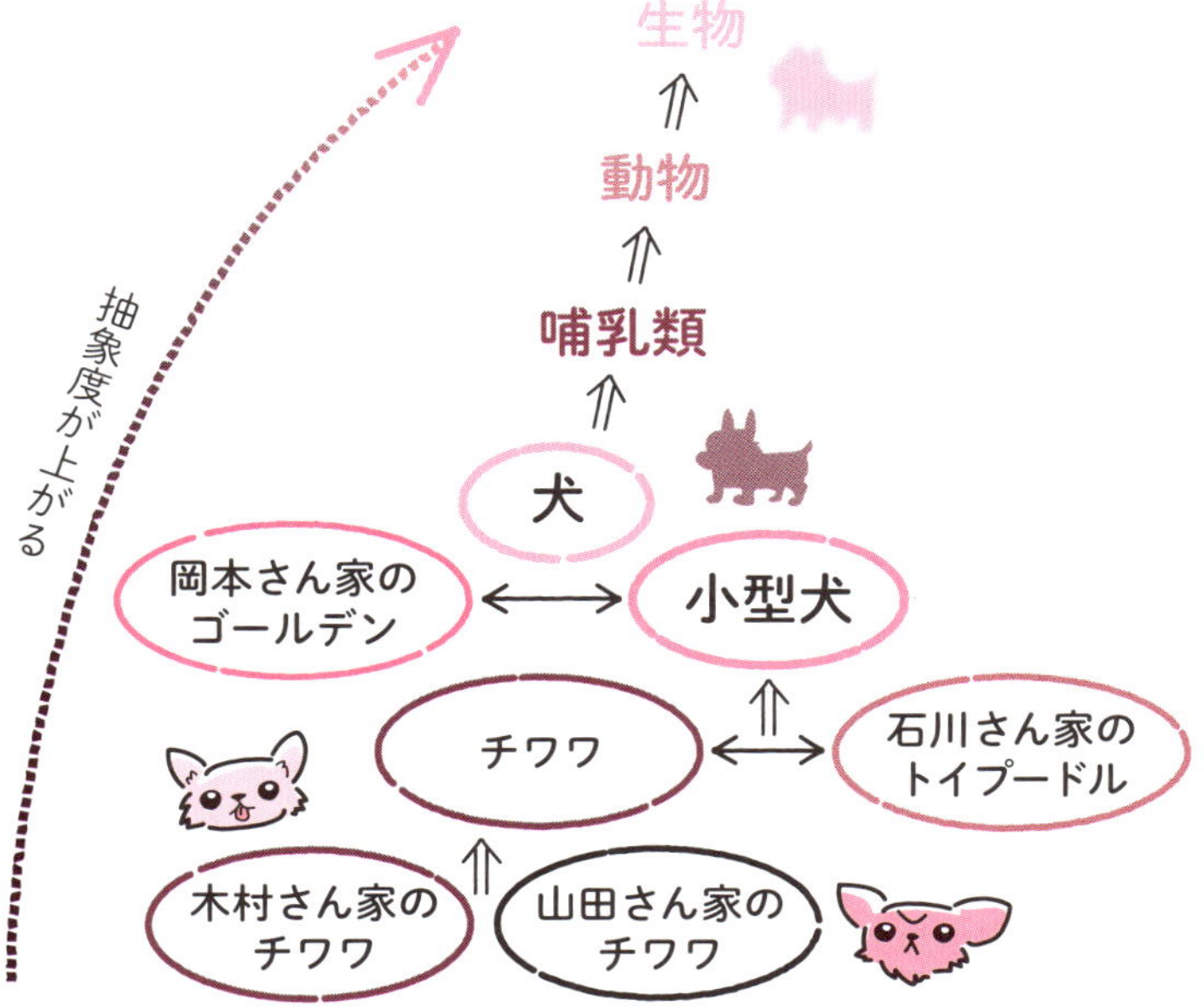

おまけまでついてきます。

抽象度という難しい言葉を使いましたが、抽象度が高いとは、こういうことです。ものごとを上から俯瞰《ふかん》的に観ることができる高さのことです。もっとわかりやすくいうと次のようなことです。

木村さん家のチワワ、山田さん家のチワワは、この段階であれば抽象度が低く（具体的）、このような段階では、「うちのチワワが可愛い」とか比較・争いが起こります。しかし、これを一段上に抽象化すると、「チワワ」というカテゴリーになります。つまり同じチワワということです。しかし、今度は石川さん家のトイプードルが登場します。するとまた、比較・争いが生まれます。しかし、抽象度をあげてみると、どちらも「小型犬」というカテゴリーです。つまり、木村さんも石川さんも「小型犬」という同じカテゴリーの犬を飼っていることになります。このようにして、上に上がっていくことを「抽象度が上がる」といいます。すると、上から見ると下にある「同じ部分（共通部分）」と「違う部分」がよくわかるようになるのです。

しかし、抽象度が低いと、違いしか見えず、いつまでも共通部分（コツ）がわからないのです。勉強でいえば、抽象度が低い子は、問題集にある問題はすべて違っている問題と認識し、抽象度が高い子は、全体の共通部分をつかむため、勉強が楽なのです。この抽象度を上げたり、下げたりできる人のことを一般に「賢い人」というのです。ですから、そのために、「要するに？」「例えば？」という問いかけをしてみるといいでしょう。

③「他にはどんなことがあると思う？」

これは、話題を水平展開させるときに使います。話があまりに抽象的すぎるときには「例えば？」と聞いて具体例が出てきますが、ひとつだけでなく、他にもあるかどうか聞いてみましょう。これはボキャブラリーを増やすことや発想力を高めることにつながります。

④「なぜだと思う？」――Why？

この言葉は、理由や背景を考えさせるときに使います。

ロジカルシンキングでは、「なぜ？」は非常に重要なキーワードです。これまで、私は、この「なぜ？」という言葉を使って、子どもたちの考える力をつけてきました。

考える頭脳をつくる上で最も重要な言葉です。「何？　what」「誰？　who」「いつ？　when」「どこで？　where」や選択肢問題の「どっち？　which」という問いは、学校ではよくされます。

しかし、「なぜ？　why」という問いはほとんど教育現場ではなされないのが現実です。この「なぜ？」という問いこそが、勉強で最も面白い部分であるにもかかわらず。もったいないことです。

⑤「どうすればいいと思う?」――How ?

これは方法を問う言葉です。「では、どうすればいい?」と聞かれて、はじめてクリエイティブな力が出てきます。または、「あなたはどうしたいの?」と聞けば、他人《ひと》事から自分事になります。

ロジカルな世界では、分析や表現ばかりが強調されがちですが、「では、どうすればいい?」と問うて、ポジティブな未来へと誘導してあげることで、より実践性が増してきます。未来と現実をつなげるための、唯一の言葉です。このマジックワードは勉強の場面以外でも、実生活でも役に立つことでしょう。

では、以上のような言葉を使って、具体的にどのような会話をしていくか、ふたつ紹介します。

（例1）抽象的すぎる話から始まったとき

「今日の授業、面白くなかった！」

「そう、面白くなかったの。例えばどういうところが？」**（共感から入り、「例えば」を使っている）**

「難しいことばかりでよくわからないところ」

「そう、難しいことばかりだったのね。他に何か面白くないことあったの？」**（「他に」というワードで視野を広げている）**

「ん～、小テストで点数が……」

「悪かったのね」

「うん」

「どうしてそうなっちゃったんだろう」**（「どうして」と問うが、詰問《きつもん》にはしない）**

「遊んでばかりいるから」

「じゃ、これからはどうすればいいかな」**（「どうすれば」でポジティブで未来的**

方向へと変わる）

「勉強をしっかりやらないといけない」

（例2）具体的な話から始まったとき

「この時期（定期テスト期間中）に友達からメールがきて大変」

「そう、メールがきて大変なのね」**（共感から入る）**

「写メでノートを撮《と》って、送ってくれって言う人までいて」

「そんなことまであるの？」**（親が知らなかったことを強調）**

「わからないことを教えて欲しいって、電話までしてくる人もいる」

「要するに、どういう状況になっているの？」**（「要するに」という抽象化ワードを使っている）**

「まったく勉強が進まない状況」

「なぜそうなっているの？」**（「なぜ」で自己分析に誘っている）**

「日頃からちゃんと勉強しない子が多くて、テスト前になると私のところに

HELPがきちゃうのよ」

「他にも何か理由があるんじゃない」（**「他に」でひとつの理由だけに固執しないようにしている**）

「私に聞けば何でもあるし、わかると勘違いしているのかも」

「じゃ、どうしたらいいのかしら」（**最後は「どうしたら」で解決へと誘っている**）

「テスト期間中はメール禁止にするとか。でも友人関係も大切だし、テスト勉強をもっと前倒しでやろうかな」

現実に、このような感じの綺麗なパターンになっている会話はないかもしれませんが、5つのワードを自然と織り交ぜてみると、問われた子どもは、それなりに考えていきます。そして、いつしか、抽象と具体の往復ができるようになり、因果関係の説明や、今後のビジョンまで語れるようになっていきます。国語の文章というのは、抽象文、具体文、因果関係の文で構成されています。

これが判断できるようになると読解力が高まっていくのですが、それを日常会話でつくってしまうということです。

私は、このように日常何気なく使っている言葉や会話パターンによって、自然とロジカルな頭をつくることができると思っていますし、これまでも実践してきました。

もちろん、読書から得られることもあるでしょうし、論理的思考のトレーニングを特別に受けることでも可能でしょう。

しかし、お金もかからず、しかも日常生活の話題を通じて〝トレーニング〟できるのですから、これほどいい方法はないと思っています。さらに5つのマジックワードを使ってこれを構造的に表現する練習をすると小論文が書けるようになっていきます（もちろん多少の小論文作法を学ぶ必要がありますが……）。

特別なロジカルトレーニングをすることもひとつの方法ですが、このような日常会話内での〝さりげない〟やりとりをなさってみてはいかがでしょうか？

魔法の会話 9

【活字に抵抗がなくなるための会話＝本好きになるための会話】

賢い頭脳を持っている人は、本をよく読んでいるという印象をお持ちの人もいることでしょうね。確かに本をたくさん読む子は博学ですし、活字に対する抵抗感がないため、国語の文章を読むためのハードルはずいぶんと低いものです。

しかし、読書をしない子でも国語ができるようになりますし、今、読書をしない子に無理やり本を読ませる習慣をつけたところで、成功する確率は高くはないでしょう。これまで私が経験してきた中で、程度の差こそあれ、次のような例もたくさん見てきました。

「国語について心配した親御さんが、子どもに本を与え、『これを読みなさい』と言って強制した結果、ますます国語が嫌いになり、その後、活字に対して非常に強い抵抗を示し他の教科にまで悪影響を与えた」

「国語力を高めるために読む」

「読解力向上のために読む」

「読書感想文を書くために読む」


これらはいずれも本当の読書といえないことは、おわかりだと思います。

しかし、それでも読書には非常に高い効用があるため、読書習慣のある子どもになってもらいたいという希望を捨てることはできません。

そこで、これまで私が保護者の方々へお話しし、高い成果が出たと思われる活字慣れをさせる方法についてお話ししましょう。


それは「読書習慣をつくる前に、まずは『調べ習慣』をつける」ことなのです。

文章に興味のない子にとって、面倒くさい読書はハードルが高いのです。そこで、「調べ習慣」を先につけさせます。

わからないことがあったら、調べる癖をつけるのです（子どもが中学生、高校生でも可能ですが、小さいときからのほうが一層効果的です）。

子どもが自主的に調べないときは、初めの行動は一緒にやるといいでしょう。例えば次のような感じの会話をしていきます。

「お母さん、この虫は何？」

「どれどれ？　うわ、何、この虫。なんだろ。知らないねぇ」**（感情表現が入ることで親の関心を見せている）**

「足が6本あるから昆虫だと思うけど」

「（図鑑があれば図鑑で、なければスマホなどで）調べてみようか」**（行動へのステップを誘っている）**

（親子で一緒に調べてみる）

「（写真を見ながら）コガネムシの一種かな？」

「こっちにも出てるよ。なんか説明が書いてある」**（子どもが読み始めれば、それ**

を聞いてあげ、読まなければ、初めは親が読み聞かせをする）

もし、子どもが興味を持っている対象である場合（鉄道が好きな子であれば鉄道の場合）、調べることは自分でやらせて、そのあとに、「どういうことなのか、お母さんわからないから、教えてちょうだい（軽い感じで）」と言って、子どもに説明させる方法をとるとさらに効果的です（親が知っていても、あえて知らない振りをすることもあります）。

この場合、子どもは嬉々《きき》としてしゃべります。その後、子どもは調べもの好きになり、探究心が芽生え、やがて自分の興味関心以外の対象に対しても、影響の輪を広げていく可能性が高まります。

現代社会では、情報は簡単に手に入ります。しかも画像や動画もすぐに調べられますね。ですからひと昔前のように紙の辞書や百科事典で調べたり、図書館へ行ったりする必要もなく、その場で瞬時に調べることができます。それを利用してもいいのです。

疑問点を知りたいという心理状態はそれほど長くは続きません。ですからすぐに調べられる現代文明の利器を使います。

そうすると、子どもは写真や動画、さらに文章で書かれた活字を〝読む〟ことになります。そこで好奇心がさらに出てくれば、図書館や本屋へ行って、興味のある対象の本を探してみようとします。

私は、これが読書の入口だと思っています。いきなり読書に心が向くという子どもは確かにいますが、そのような子は、レアケースであると考えていいでしょう。ですから一般的には、「調べ習慣」をつけていくことが先決であろうと思っています。

子どもは小さいときに「なんで？」「どうして？」という質問をします。子ども心にも、疑問が多々あり、それを知りたいという好奇心があります。

いつしか大人はそれらにいちいち答えることが面倒となり、そのままにしてしまい、やがて子どもは「聞いても仕方がない」と思い、学校でも「覚えればいいんでしょ」と考えるようになってしまいます。

物事には背景があり、理由があります。それは時に、人の心を動かす内容であったりします。日常生活の中にも、あちらこちらに〝好奇心の種〟が転がっています。特に子どもの周囲にはたくさんあるのです。それを少しだけ、引き出してあげることができれば、読書や読解力や学力に関する問題は一気に解決してしまいます。

ぜひ、わからないことは、すぐに「調べてみよう！」をやってみるといいでしょう。

魔法の会話10

【日常を学びにしてしまう会話＝過去問が分析できるようになる会話】

まず、初めにこういうことを知っておくといいでしょう。

「ガリ勉（机の上でガリガリ勉強すること）をする子が、勉強ができるということではない」ということです。

本当に勉強ができる子は、勉強を勉強とは思っていません。面白いからやっているのです。こういう子は、日常の生活の中で、様々なことに出合い、そこから面白さを発見していきます。

中途半端に勉強ができる子は、やらねばならないから勉強して、ある程度できるようになっていますが、日常生活からは学んでいないため、勉強と日常生活が分離し、勉強の時間になると〝面倒なこと〟になってしまうのです。

これを解決するためには、根本から変えていく必要があります。

それはつまり「モノの見方を変える」ということです。

本当に頭がよい子は「モノの見方」が他とは違うため、日常生活がすべて〝勉強〟になっているのです。ですから「(机の上で)5時間勉強した!」「8時間勉強した!」という子がいても、日常生活で見るもの、聞くものがすべて勉強になっている子にはかないません。

ではどうやったら、「単なる日常生活」→「学びの生活」にしていくことができるでしょうか。それには次のふたつの段階を踏むとよいでしょう。

【第1段階】「観察する眼を養う」(難しい言葉でいえば、「情報収集、分析、法則化」の訓練)

情報は、ネットで調べることが当たり前になった昨今、観察する眼を身に着け、自ら情報を得ることのほうが重要であることはあまり知られていません。そして優秀な人(子どもでも社会人でも)は観察する眼が優れていることはよく知られています。つまり、よく見ているということです。

観察眼は素質の問題ではなく、習慣の問題なので、例えばお子さんに、次のような問いかけをするといいでしょう。


「電車内で人は何をしている？」

「ガラケーを持っている人にはどのような特徴があるか？」

「この街は何屋さんが多い？」

「家まで帰る間に、いつもと違う変わったこと（気づき）を5つあげてみよう！」

「駅から見える看板で、何色の看板が一番多いかな？」

「周囲を見て、お年寄りに共通する年齢以外のことは何があるだろう。服装のタイプや、歩き方など」

「（秋に）葉っぱが色づく木と緑のままの木はどういう違いがあるだろうね」


要するにこれらの質問は「YES、NOで答えられない〝クイズ〟」なのです。素材は何でもよいのです。テレビを見ながら、その中で出てきた話題でもいいでしょう。

このようにトピックを与えられると人は、そこに意識がフォーカスします。このような一見、たいしたことのないような問いを楽しみながらやっていることで、人から問われなくとも徐々に自分で「気づく」ようになっていきます。

初めは親御さんが、上記のような発話で誘導してあげるといいでしょう。ただし、忘れてはならないことは、**答えたお子さんの答えに対して「何、言ってんの！　違うでしょ！」と言ってはいけない、ということです。もう二度と子どもさんは答えなくなるでしょう。「なるほどね」と軽く返してあげるのがよいでしょう。**

【第2段階】「事実を分析する」

観察する眼ができたら、次に、先ほども書きましたが、賢い頭脳をつくるマジックワードを使って、「事実を分析」することをします。

「なぜそうなっているのかな？」
「要するにどういうことなのかな？」

と聞いてあげましょう。すると、分析し、まとめる力がつきます。

「駅から見える看板で、何色の看板が一番多いかな？」と質問したあとに、お子さんが、「ん〜、黄色や赤色も結構あるけど、青が一番多い」と答えたとしましょう。そうしたら次のように聞いてあげましょう。

「なんで、青が多いのかな。青を使っているところは赤色や黄色をなぜ使わないのかな？」

こう問われると、人は考え出すのです。この問いには、特に答えがあるわけではありません。「考えて分析すること」に意味があるのです。観察する眼の段階とは違った部分の頭を使い、「事実を分析する力」をつけることができるようになっていきます。

これらは高度な能力開発なのですが、それを日常の題材を使って行っているのです。得てしてそういうもので、一時的な能力開発講座を受けてもいいでしょうが、毎日の習慣にしてしまうほうが圧倒的に有利であることは言うまでもありません。

これができるようになると、入試問題の「過去問の分析」ができるようになります。入試問題には、どの学校においても必ず「傾向」があります。

いわゆる「コツ」です。

この「コツ」がわかるためには、「観察→分析」が必要です。これがすでに小学生でできる子がいるのです。このような子は無駄なことはやらずに、ポイントを優先的にやってしまうので、合理的に点数を取っていきます。

そうでない子は、与えられたものをすべてやらなければならないと錯覚しており、さらにポイントも見抜けないため、苦労します。

この差が、学力の差になっていくのですが、その差を埋めていくためには、日常の**「観察→分析」**を入れていくといいでしょう。やがて変化が出てきます。

魔法の会話11

【重要ポイントが見破れるようになる会話】

重要ポイントが見抜ける力があると、勉強はかなり楽になります。

なぜなら、勉強とは、すべてのことを学ぶのではなく、重要度の高い順にマスターしていくほうが効果的であるからです。いわゆる賢い子はそのような手法でやっています。

「要領がいい」という言葉があります。この言葉はあまりいい意味では使われませんね。

しかし、極めてプラスの意味なのです。要領がいいということは、ポイントがわかっている証拠なのです。

ですから、要領のいい子にしていくと、結果として勉強は楽であり、楽は楽しさにつながっていくのです。でも要領がいい状態になるにはどうすればいいのかということについては、誰も語ってくれません。これは本人の問題として処理されてしまいます。

では、重要ポイントが見抜けるようになるお話をします。これができるようになるには次のふたつのことをすればいいのです。

①全体像を知る

②3つに絞る

①全体像を知る

人の話を聞いていて、部分的な話をされても何が言いたいのか、さっぱりわからない、という経験をされたことがあるでしょう。

部分的（限定的）だと、その情報だけで全体像を考えなくてはならず、核心部分を捉えることが難しくなります。途中で人々の話に入っていっても、よくわからないのはその典型例です。

しかし、話の全体像がわかると、何が言いたいことなのかわかってくることがあります。

歴史の勉強も、1ページ目から断片的知識をコツコツ学習するよりも、まずは細かい部分を適当に読み飛ばして、全体像を捉えるようにすると習得が早いことはよく知られています。

歴史のマンガや簡単に読める薄い教科書あたりで、ざっと読み流して全体の流れを捉えてから、細かい勉強をしていくと、何が重要度が高く、何が低いかということがわかってきます。人は一般に、「全体の流れや全体像」がわからないと理解できず、理解できないと重要ポイントはわからないものなのです。

もうひとつ、全体像についてのお話をしておきましょう。

国語についてです。多くの国語ができない子は、活字で印刷された文章を見て、「こんなに量があるのか」とうんざりしてしまいます。

これでは読む気力は出てきません。そこで、こういうことをするといいのです。

それは、「段落分け（細分化技法という）」です。

段落分けは学校でもよく授業でやりますね。

しかし、ただ分けるのではなく、その段落以外は見えないように隠してしまうのです。国語が嫌いな子は、文章を読むことが面倒なので、まずは「ひとつの段落」だけが見えるようにして、その段落だけに集中できるようにします。

すると、「文章全体を読むのは、かったるいけども、たかが数行程度の、ひと段落であれば、読んでみてもいいか」と思い、目の前のことだけに集中します。そしてその後、「結局この段落は何が言いたいの？　一言でいうと？」と聞きます。

すると、子どもはなんとなく感じた印象を答

えていきます。このように、段落という「全体像」をざっと読んで、何を言っているかを捉える訓練をすると、重要ポイントが見えるようになっていきます。

そして、これを次の段落、その次の段落と進んでいくと文章が最後までたどり着きます。このようにして全体像を把握していくといいでしょう。この方法は国語が苦手な子にはかなり効果的な方法ですので、試してみてください。

②3つに絞る

次に、全体像がわかった段階で、次のように聞いていきます。

「重要なポイントを3つあげると何？」

全体像がわかった段階では、まだ漠然としているため、ポイントが明確になっていないこともあります。そこで、このような質問をするのです。

この「3つ」というのが重要なのです。実際はひとつかもしれませんし、5つかもしれません。しかし、3つにまとめる癖をつけていくと3つ探すことになります。通常は、「何が重要？」と聞かれて、漠然と眺めることで終わることが多いですが、「3つ」と数字を問われると、3つ見つけようとします。

間違い探しの図を見せられて「この中に間違いが5つあります。それは何でしょうか？」と問われると5つあると思って探しますよね。そして、探していくと見つかるものなのです。

しかし、5つあると言われずに、間違いがあるので探してねと言われるとひとつ見つけたら終わることが多いでしょう。それと同じことです。

この数字を言うか言わないかの差が「重要ポイントを見つけられるかどうかの分かれ目」になります。

この3つを問う場は日常いくらでもあります。

中学受験生であれば、例えば次のような問いかけをしてみてはいかがでしょうか。

「今日一日のやるべきことを優先順に３つ書き出してみよう」

国語であれば前述したように、

「この文章の言いたいことを３つあげるとしたら何かな？」

算数であれば、

「この問題が解けるようになるための３つのポイントは何だろう？」

とか、応用問題であれば、

「この問題が解けるようになるのに気をつけるポイントを３つあげるとしたら何かな？」

と聞いてみるといいでしょう。


「３つ」と問われて、子どもがふたつしか見つけられなくともいいのです。重要なことは、３つ探そうとしていることなのです。

そのときに頭脳は活性化し、さらに重要ポイントは何だろう？　と考えているのです。

その習慣が、勉強のみならず日常の生活全般に波及していくのです。

魔法の会話12

【理解できているか確認するための会話】

勉強していて、本当はわかっていないのに、わかった気になっていることはよくあることです。そのような状態が続くと、あとあと取り返しがつかないことになりかねません。

わかっていないのに、わかったつもりで先に進んでしまうことが、勉強の落ちこぼれをつくる最大の原因だと思っていますが、実は中学受験など、内容的に難しくなればなるほど、その傾向は強くなります。

子どもは一般的にわからないことを質問することができません。そのままにします。そこで、私は指導するときに次のようなやりとりをよくしたものです。

「では、これで説明終わったけれど、わかった？」

(多くの生徒がうなずく　そこで私は)

「じゃ山口君、この内容を自分の言葉で説明してみて」

（え！　という顔して）「……」

「わかってたら、説明できると思うけども、どうかな。それでは木内さんはどう？」

「……」

「わからないのに、わかった反応をしちゃだめだ。わからなければ、わからないと言わないと（笑）。では、わかっていないようなので、もう一度説明するよ〜」


たった1回の先生の説明ですべての子どもが理解できるはずはありません。ぼーっとしている子もいますからね。子どもだけでなく大人もそうです。わかった気になるということはよくありますよね。

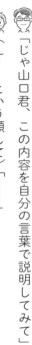

しかし教える側は、決まったように「わかった？」と聞いて、その後、次の単元に移ってしまうことが少なくありません。学校では大方、このようにして進めることが一般的です。

こうして「わからない状態のまま↓落ちこぼれ誕生」となっていきます。わからないことは、わからないと言ってくれればいいのですが、子どもたちは、なかなか場の雰囲気を気にするのか、正直に「わからない」とは言いません。

そこで、「子どもに説明させる」ということをやってみるのです。説明させてみると、子どもは自分が理解しているのかいないのかが、はっきりわかります。

そして〝自分の言葉で説明できていれば、それは理解できている〟ということです。自分の言葉でというのがポイントです。そうしないと、教科書に書いてあることをただ読んでいるだけであったりしますから。

「理解できていれば説明できる」という原則を知っておくといいでしょう。

ですから、人に教えると自分が一番理解力が深まるというのはこの原理が裏にあるからなのです。教えるとなると、自分が一所懸命理解しようとしますし、また説明していて、「あれ？　自分わかってないな」ということもわかるのですね。この方法はかなり有効的ですので、ぜひ使ってみてください。

せつめい
説明

魔法の会話　まとめ

魔法の会話8【考える力がつく会話＝読解力を高めるための会話】

「要するにどういうこと？」「例えばどういうこと？」

「他にはどんなことがあると思う？」「なぜだと思う？」

「どうすればいいと思う？」

魔法の会話9【活字に抵抗がなくなるための会話＝本好きになるための会話】

「どういうことなのか、お母さんわからないから、

教えてちょうだい（軽い感じで）」

魔法の会話10【日常を学びにしてしまう会話＝過去問が分析できるようになる会話】

「家まで帰る間に、いつもと違う変わったこと（気づき）を

5つあげてみよう！」

魔法の会話11【重要ポイントが見破れるようになる会話】

「今日一日のやるべきことを優先順に3つを書き出してみよう」

魔法の会話12【理解できているか確認するための会話】

「この内容を自分の言葉で説明してみてくれる？」

第3ステップ

入試を突破できる心の強い子にする「会話」

このステップは、「心」「メンタル」に焦点を当てた会話についてお話しします。中学受験は特に、メンタルが重要と言われています。

それも親のメンタルです。親のメンタルのブレによって、子どもがブレていくということも少なくありません。

しかし、実際に勉強し、受験するのは子どもですね。その子どものほうがはるかに大変なのです。

でも、「親は子どもの受験のことで焦《あせ》ってストレスでイライラしているのに、子ども本人がのんびりしている場合は？」ということもありますよね。

このようなときは、子どものメンタルを強くしようと思うのではなく、親自身のメンタルを強くすることが大切です。メンタルを強くするというと、「頑張る！」とすぐになってしまうのですが、それはちょっと違います。

メンタルが強いというのは、「多面的に考えることができる」「自分の気持ちをコントロールできる術《すべ》を持っている」状態を言います。

簡単に言えば、「親が物事を楽しむ習慣を持っているかどうか」ということです。

この習慣化についてはこれだけでかなりの紙面を割くことになるため、別の場に譲りたいと思いますが、本ステップでは、子どものメンタルを受験を突破できるぐらい強いものにしていくための会話を紹介します。

親子でメンタルを強くするには、原理原則があります。

「自分が元気になりたいなら、人を元気にさせればいい。自分が勇気を持ちたいなら、人に勇気を与えていけばいい」

この意味は、自分のことをどうこうしたいのであれば、困っている人を助け、相手の立場になって動こうということです。

なぜ、この原理原則が大切かは、本ステップで書きますね。

魔法の会話13【テストの点数が悪いときの会話】

家庭ではよく子どものテストの答案用紙が返されると点数が気になり、親は問いただします。そして点数が思わしくないとイライラしながら原因を追求したり、ひどい場合には怒り出します。

または、嫌味を言ってしまうこともあるでしょう。「だから日頃からもっと勉強しなさいと言っているでしょ!」「何この点数は!」「こんな点数だと悲しくなる!」「のんびりしていて、いい身分ね〜」などです。

このような発言をすれば、親の言うことを一切聞かない頑固な子以外の子は、再起不能の状態になります。

大切なことは冷静な原因分析であり、良くても分析、悪くても分析です。子どもがまだ小さければ子どもと一緒に行い、そうでなければ、原因分析という思考方法を教えて子ども自身でやらせることです。

そうすると、点数による一喜《いっき》一憂《いちゆう》ではなく、問題点が課題点に変わり、解決という積極的視点に移動します。視点が移動すれば心がブレずに、前向きになっていきます。

「テストどうだったの？」

「あまりよくない」

「どれどれ（と言って答案用紙を見る）」「間違えたところってどんな問題が多いの？」

「わかんない」

「じゃ、一緒に見てみようか」

（親子で、どのような設問ができていないか、それはなぜできなかったかを洗い出してノートに書き出す）

「これらが、できなかったパターンの問題で、それができなかった理由はこれね」

「じゃさ～、これができるようにするには、どうしたらいいかなぁ」**（この質問で**

「問題点↓課題点」に変わる）

「この間違えた問題のパターンの基礎問題をやり直す」

「その基礎問題って、どこに書いてあるの？」**（この質問で、子どもの主体的な視点に転換させている）**

「この問題集」

「この問題集のどの部分」

「ここ」

「これ、どうやったら、マスターできるかな？」**（この質問で子どもに自主的に考えさせ解決方法を自分で出すように促《うなが》している）**

「全部で4つのパターンがあるから、これを繰り返す」

「繰り返しただけで、テストでできるようになるかな？」

「こっちの問題でできるようになったかどうか試してみる」

以上の会話は一例ですが、私が指導してきた子どもたちに使っている会話術です。こちらから問う一つひとつの言葉に意味があるのです。

その意味とは、「自分で考えさせて自力で方法を見つける」「積極的な視点に振り替える（問題点というネガティブなことを課題点というポジティブな視点に振り替える）」です。

これができるとブレない心ができ始めます。ただ原因を見つけて、対策を考え、実行するだけのことなので、そこにイライラや、不安、焦りは一切必要ないのです。

感情を持つことや表現することは、ポジティブであれネガティブであれ、人間である以上、自然なことですが、こと勉強にかぎっては感情はできるだけ後退させ、冷静に分析したほうが原因がわかり、伸びていくものなのです。

魔法の会話14【相手の気持ちになる】

相手の気持ちになる。これがなぜ心を強くすることにつながるかというと、人の気持ちを理解できると、悩んでいるのは自分だけではないとか、人間みんなそれなりに試練を感じることがあるんだなということがわかるようになり、自分の中に安心感が出てくる場合があるからです。

私の知人にも心の強い人たちがたくさんいます。

しかし、そのような人は実は繊細《せんさい》で、人の気持ちや心に敏感な人たちなのです。そのような、人の気持ちがわかる繊細な人こそが、本当に心の強い人であったりします。

中学受験は、一部の子どもたちを除き、システマチックに勉強すれば、それで伸びていき、合格するというものではありません。

心の揺れ動きがあり、メンタル的に上がったり、落ちたりすることもあるでしょう。そのようなときに、相手の気持ちを知ることで自分の気持ちも知るということをやってみると、落ち着いて自分を見ることができることがあるのです。

そこで、中学受験という特徴を生かし、それを国語の問題でやってしまうと一石二鳥《いっせきにちょう》になります。

（親が家で中学受験の国語を教えるという場があれば、次の会話形式を参考にしてみてください。本来、親は勉強を教えなくていいのですが、中学受験の場合は、親が教えるということが少なくないためこのようは会話例を出しました）

（国語の問題で）「このときの主人公の気持ちは？」

「ん〜、悲しい気持ち」

「なぜ悲しい気持ちになるのかな？　嬉しい気持ちになる人もいるんじゃないの」

「だって、文章のここに、この子（主人公）が暗い面持ちで歩く場面があるから」

「じゃ、もしあなたがこの場面にいたらどういう反応する？　同じように悲しい感じの行動をとるかな？」

「たぶん、しない。この子（主人公）と僕はちょっと違うと思う」

この会話の手法は、私独自のやり方ですが、この方法は、実は国語力を引き上げる方法でもあるのです。私が授業を行うときは、このように、「君はどう思う？　君ならどうする？（ＨＯＷ）」という視点を入れるのです。

国語の授業では通常このような質問はしません。あくまでも文章に書いてある範囲で、書いてあることだけで考えていきます。

しかし、「君ならどうする？」と言われたとたんに、それまで受け身だった頭が主体的に働き出し、心が動き、自分事となって、子どもたちは文章の世界に引き込まれます。世界に入ってしまえば、答えがわかるようになることが多いのです。

しかし、ここでこんな心配をする方がいます。

「自分の気持ちばかりで答えてしまうと、テストで点数が取れない」

確かに、このような心配はあるでしょうね。物語や小説の選択肢の問題を間違えるケースではこのようなことがあります。それを解決させる方法があるのです。

それは次のように問うといいでしょう。

「あなたの気持ちはよくわかった。じゃ、世の中の多くの人が選ぶとしたらどれを選ぶと思う？」

これまで私が30年にわたって指導してきた実績からいえば、この問いによって、自分の気持ちで選んだ選択肢から、世の中の多くの人が選ぶ選択肢（答え）にたどり着く可能性が非常に高まります。

もちろん、これでもまだ自分の考えに固執《こしつ》することもあるでしょう。その場合は、まずは認めてあげて、世の中的にはこういう考え方なんだという「学ぶ機会」にするといいでしょう。

「テストのときは世の中に合わせておくといいよ〜。そうすると丸になるから」とでも言っておくといいでしょう。

魔法の会話 15
【言葉の種類をマイナスからプラスにする会話】

私が塾で子どもたちを指導していて一番気になったことがありました。

それは、成績の悪い生徒ほどマイナスの言葉を使っているということだったのです。「自分はバカだから」「私は記憶力が悪い」「勉強は嫌い！」「やりたくない」「うざい」「むかつく」「かったるい」「算数苦手」「本は嫌い」などです。

これらの言葉が日常会話に自然と盛り込まれて、話されています。このような発言を継続的にする子どもたちは、マイナス発言が長年の口癖になってしまっているため、「そんなことを言わずにやれ！」とか、「頑張れ！」など精神論的な励ましの一時的な言葉で対応しても、なかなか変わることはありません。

そして怖いことに、「繰り返された言葉はその通りに実現される」という原則があるため、そのような子どもたちはいくら勉強しても学力が身につくことはあり得ないのです。

例えば、「私は国語が苦手だ！」といつも発言していたら、いつしか国語が苦手な人物を演じるようになり、やがて国語から遠ざかるような行動を起こします。たとえ勉強しているように見えても、心が拒絶しているので、ただの時間の浪費になってしまいます。

言葉は行動を駆り立てる非常に強力なツールであり、よい方向で使っていれば大きな効果を発揮しますが、悪い方向へ使ってしまうと、破壊的な悲劇を生んでしまいます。

そこで、子どもがマイナス発言を頻繁にするようになっていれば、次のような会話をしてみてあげてください（たまにマイナス発言をする程度はまったく問題ありません）。

「また、算数ダメだ」

「算数ダメだったの？」**（反復から入っている）**

「算数、勉強しても点数取れないからやりたくない」

「そう、やりたくないんだ」**（またしても反復。するとさらに話をしてくる）**

「だって、この問題とか絶対無理」

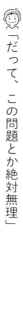

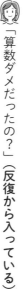

「難しい問題なんだね～」**（このあたりまではカウンセリング技法的に）**

「無理」

「そんな無理ならやらなくていいんじゃない?」**(子どもは親が説得する発言を〝期待〟しているが、ここでその期待を裏切り、逆発言する)**

「だって、入試で必要だし」

「でも無理なんだからやらなくていいんじゃない」**(子どもは一般的に天邪鬼《あまのじゃく》なところがあり、このように言うと「やる」という場合がある　ただしこの発言は親が本気で言わないと効果なし)**

「受験で困る」

「他の科目で点数取ればいいんじゃない?」**(受験がよくわかっていない親的な発言をしてみる)**

「算数できないと落ちる」

「この間、聞いた話なんだけど、言葉ってものすごく大切で、『できない、できない』と言っていると、どんどんできなくなっていくらしいよ。言葉の通りに実現していくから怖いね〜」**(このように伝聞形で話すと子どもは話を聞く可能性**

が高いです。こうしなさいとはここでも言わない）

「そんなこと言ったって、できないのはできない」**（子どもがこのように発言したとしても、今言った親の言葉は心に残っているので、あとはほうっておきます）**

このあと、多くの場合、子どもに変化が見られます。

しかし、変化したとしても親はそれを「変わってきたね〜」とか「あのときの言葉が効いたね」とは言いません。それを指摘されると、また元に戻ってしまいますので、その点だけは注意してくださいね。

もうひとつ、言葉の重要性の会話例を出しておきます。この会話は、私が保護者面談で話をしていたときの会話です。

私：「裕子さん（生徒）は、算数の成績が他教科に比べ低いようですが、ご家庭ではどのような様子ですか？」

保護者：「ええ。裕子は小学校低学年の頃から算数ができない子で、今も算数は家で勉強しませんね。あの子は私に似て、計算も遅いし、鈍いので、嫌いなのでしょうね（笑）」

「裕子さんは、よく『算数は嫌い！』という言葉を発していますね。家でもそのような発言はあるのですか」

「テスト前になるといつも言っています。私も算数や数学は嫌いだったので、気持ちはわかりますが、それではいけないとも思っているのですが……」

「裕子さんの場合、まず『算数は嫌い』というネガティブな発言を消すことから始める必要があるのです。言葉というものは良い悪いにかかわらず、行動に影響を与えるので、結構、怖いものなのです」

「そう言われれば、私も娘にネガティブな言葉をずいぶん言っていたように思います。特に算数に関しては『あなたは算数できないね』という言葉を使っています」

「まず、家庭でもそこから変えていきましょう。決めつけることを止め、言葉の種類を変えていきませんか」

「わかりました。家庭でもそのようにしていきます。ありがとうございます」

保護者面談をしていると、話し方やしぐさ、言葉の種類や価値観が親子でよく似ているなという印象を持ちます。特に子どもが普段使っている言葉の種類は親御さんが使っている言葉の種類と同じということがわかったのです。子どもが「私は勉強苦手だから」と言っているかと思うと、その親御さんも家庭で「あなたは勉強苦手だから」と言っていたのです。

さらに勉強ができない子の中には、小さい頃から、親に「お前は、勉強は無理」「頭が悪い」「お前はバカだ」「鈍い」「のろま」など否定的な言葉を言われ続けてきた子もいました。親は何気なくこのような言葉を使っているのでしょうが、多感な時期に強烈な刺激となって子どもの心に突き刺さっているということに、気づいていなかったようです。

言葉は日常、無意識に使っていますが、少し意識して使うだけでもずいぶん周囲の環境が変わりますし、何よりも言葉を発する度に、自分の耳に入っているため、発している本人の行動も変わっていきます。

魔法の会話16【自分に自信が持てる子になる会話】

第1ステップで、褒めることについてのお話をしました。そのときは、「褒めるのではなく、承認（いいね）をしてあげるほうがいいでしょう」とお勧めしました。

しかし、ごく稀《まれ》に「おおげさな表現」をあえて使うことがあります（これは世に言う〝絶賛して褒める〟という行為）。それは次のような場面においてです。

子どもの意欲や現状の能力がまったくなく、マイナスからのスタートで自信喪失している子がいる場合、簡単なレベルから解答させ、ひとつできれば、「**OK、よくできている！**」と繰り返し語り、ときに「**よくできているな**」「**これができていれば大丈夫だ！**」「**これは普通なかなかできない**」という表現も〝自然〟に入れて、繰り返しているうちに、やがて、「ひょっとして自分はできる人間かもしれない」と錯覚するようになります。

実際は、ひとつ前の学年の簡単な問題ができているだけで、別に本格的にできるようになっているわけではないため、あくまでも一時的な「錯覚」なのですが、実は、この「錯覚」がやがて現実となり、本当にできるようになっていくのですから不思議です。

この錯覚の期間を私は、「成功のためのリハビリ期間」と呼んでいます。

できない部分ばかりいつもやらされていると、やりたくなくなるのは当然ですね。成功（問題が解ける）のためのリハビリをしなければ、負け癖がついてしまい、どのような問題を前にしても「やらない」という思考放棄になることがあります。

もしリハビリ期間中に、すぐに解けない問題が出てきても、「自分はできるはずという錯覚」に陥《おちい》っているため、「できるに違いないという意識」で問題にあたっていくようになるので、解ける確率があがるのです。

このような状態にするときにかぎって、私は「褒めまくる」という手段を使いますが、通常は「承認（いいね）」ワードを連発しています。

魔法の会話17

【失敗・間違いを成功に変えられる子になる会話】

振り返りができる子は有利です。

なぜなら、間違いは成長の糧《かて》になり、正解は自信につながるからです。振り返りができない子は、ただ、問題が解けたとか解けなかったと結果だけで一喜一憂していきます。この状態であると、ほぼ間違いなく伸びません。

そこで、振り返りができる人になるにはどのように話をしていけばいいでしょうか。

次の、指導してきた子どもとのやりとりをご覧ください。こういう話をよく私はしていました。

「この前、模試があったけれども復習はやった？」

「いえ、やっていません」

「模試は何のためにやっているかわかるかな？」

「どれぐらいできるかを確認するため」

「そういう目的も確かにあるね。しかし、最も大きな目的は、できる問題とできない問題を仕分けし、〝せっかく〟間違えた問題を次のときまでにできるようにしておくために模試があるんだよ」

「どういうことですか」

「よく考えてみよう。どれぐらいできているかということを今確認するためだけに、何時間も時間をかけて模試をやって、何か意味があるのかな。できた生徒はできたと確認し、できない生徒はできないと確認する。確認のためだけではなく、成長のために何か別の意味があると思わないかな」

「確かに」

「模試は、よく入試に出る問題が選ばれているから、その間違えた問題は君にとっての〝宝〟になっている。それをそのままにしておくのは、もったいないよね。そこで、秘伝の方法を教えてあげよう。やってみるか」

「はい、やってみたいです」

「それは『直しノート』をつくることだよ。（過去の子どもたちの『直しノート』を見せて）こういう感じのノートをつくるんだよ」

「すごい。何か楽しそう」

「そう。何でも楽しくなければならない。楽しい作業で、勉強ができるようになる。こんないいことはないだろう」

この会話では、ふたつの大切なことを伝えています。ひとつは、間違えた問題こそが「宝」であるということです。

もうひとつは、それらを記録する「直しノート」をつくり、自分のオリジナル問題集をつくるということです。

多くの子どもたちは、間違えることや失敗することは悪いことであると思っています。これは現代教育の致命的問題であると私は思っています。間違いや失敗をすればするほど成長するのに、それを否定してきたのですから。もしかしたら大人もそのように思っている人がいるかもしれません。

しかし、世の中の成功者と言われている人たちを研究すればすぐにわかることですが、「間違い・失敗＝悪いではなく、伸びるための糧にしている」のです。

よくよく考えてみればすぐにわかることです。初めから正解した問題は、できていたのだから何も進歩していないですよね。

できなかった問題や間違えた問題がわかった瞬間に頭がよくなっているのです。それなのに、なぜか正解すると喜び、間違えると落ち込むという反応をしてしまいます。これは教育がそうだったからなのですが、もしその教育が正しければ、今現在、勉強ができる子だらけ、好きな子だらけになっているはずです。

この間違いや失敗に対する考え方を現代教育では正す必要があります。「失敗してもいい、間違えてもいい、それを直せばいいだけのこと。そのときに人は成長している」という考え方を広めていかなければなりません。

しかし、この話は1回、2回では刷り込まれないため、何度も言う必要があります。もちろん、親御さんが、口では「失敗してもいいんだよ」と言いながら、顔は怒っているということをやってしまうと水の泡ですので、雰囲気もそのようにされてみてくださいね。

直しノートは、間違えた問題をノートの左側に、解答・解説を右側に書いていきます。問題をコピーして貼ってもいいでしょう。そして間違え

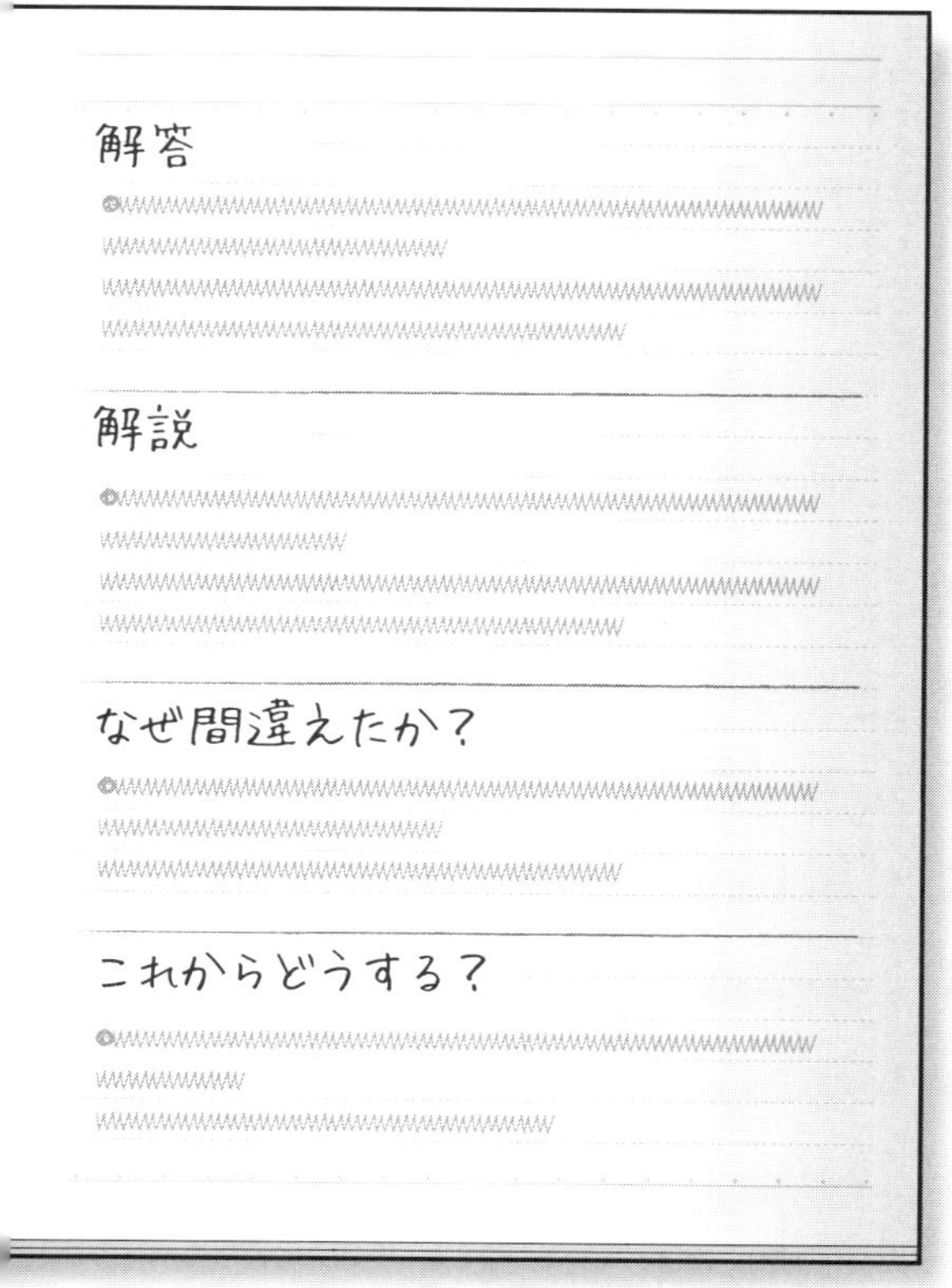

たポイントを蛍光ペンでインパクトがあるようにチェックしておきます。これを科目ごとにつくっていくといいでしょう。それを定期的（3カ月に一度とか、長期休みで）に問題集として使っていきます。この直しノートは別名「宝ノート」です。自分を成長させてくれるノートですから。

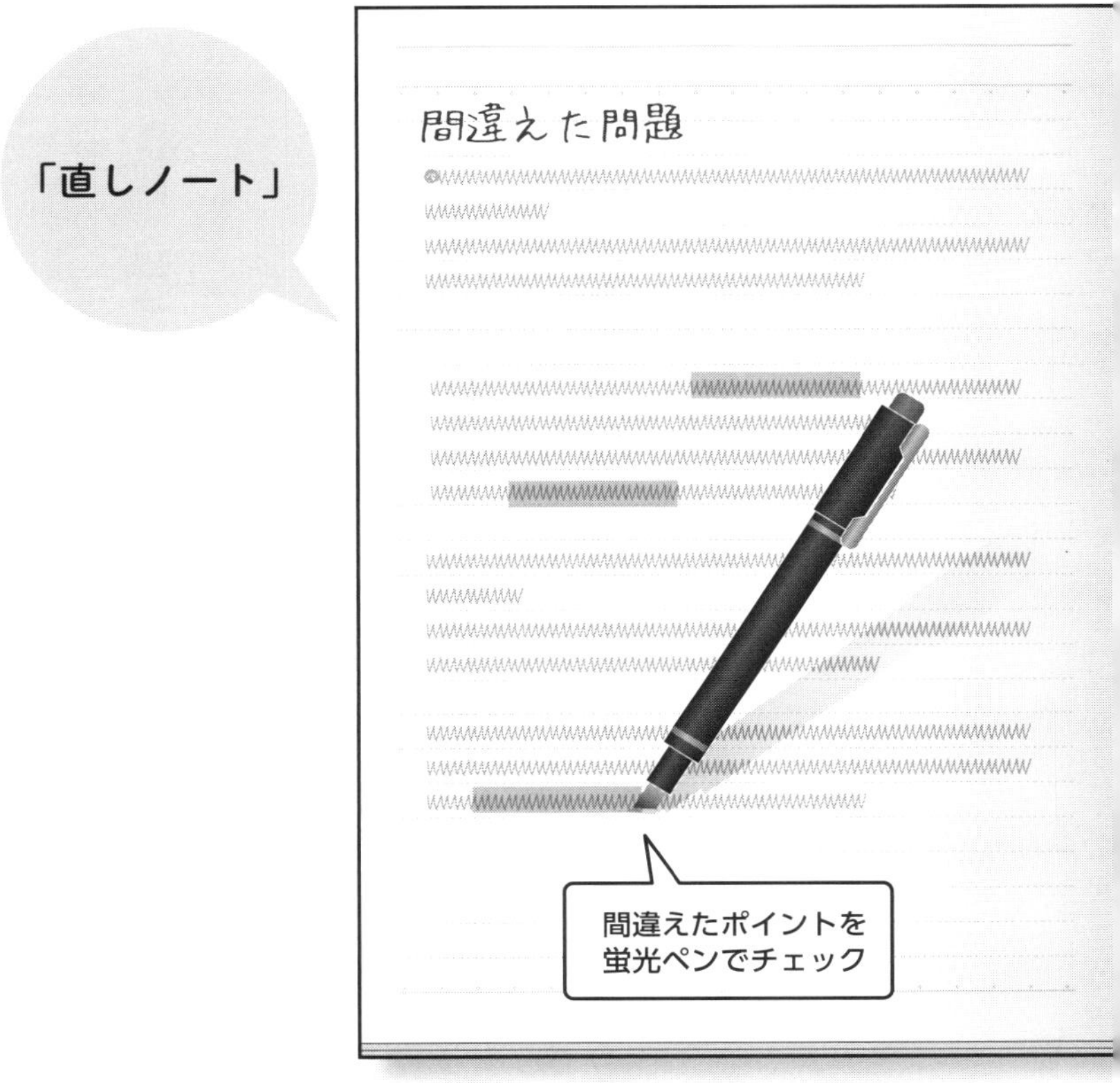

魔法の会話18

【他人との競争ではなく、自分との競争を意識させる会話】

それでは、本論に入る前にまずは、中学受験を控える小6の子どもと私との間の会話をご覧ください。

「先生、このままの勉強を続けて、受験競争に勝てるでしょうか？」

「そうだね、今は6月だから、まだわからないが、今のまま進めていくといいだろう。ところで、山口君は、受験は競争だと思っているの？」

「はい、そう思っています。受験は一種の戦いだと思っていますが……」

「競争という考えもなくはないね。模試では順位とか出るしね、入試は合否があるからね。しかしね、本当に伸びる子は競争という意識を持っていないんだよ」

「え！　そうなんですか。でもそれは、勉強ができるから競争しなくてもいいんじゃないですか？」

「世の中の多くの人がそう思っているみたいだけど、実は違うんだ。競争という意識を持っていないから、トップに上りつめることができるようになるんだよ。ひとつ面白い話をしようか。『ウサギとカメ』の話があるよね。あのお話は、ウサギが負けて、カメが勝ったね。なぜだと思う？」

「ウサギが油断したから」

「では、なぜウサギは油断した？」

「カメに勝てると思ったから」

「ではなぜ、ウサギはカメに勝てると思ったんだろう〜」**（これが最も重要な質問）**

「……」

「ウサギはカメに勝つことを目的に山に登った。つまり競争したんだ。カメは山の頂上に登ることを目的に山に登った。つまりウサギと競争していない。これと同じで、受験も確かに競争相手はいるのかもしれないけど、その競争相手を意識していると、そこを基準に勝ったとか負けたとかになり、その結果、油断したり、気持ちが落ち込んだりしていいことはひとつもないんだよ」

この会話の内容を聞いて、中には「いや受験は競争だと思ってきたから、トップを取ってきたし、勉強は楽しかったのだ」という人もいることでしょう。もちろんそういう人もいるかもしれませんが、私がこれまで指導してきた3500人以上の子どもたちを見ていると、成績がよかった子どものみならず、できるようになっていった子どもたちは、勉強や受験を競争とは思っていませんでした。

しかし、これだけの説明だと、誤解を生じてしまう可能性がありますので、もう少しお話しします。

「勉強は競争することによって伸びる」
「ライバルがいたほうが伸びる」

という話をよくききます。確かにテストでは、点数がつけられ、成績表は数値で出され、入試は合格不合格が明確になります。入試は「受ければ誰でも合格できる学校」も最近ではたくさん出てきましたが、それでもまだ、「倍率（競争倍率）」という言葉があるかぎり、勉強＝競争、受験＝競争という認識なのでしょう。

実は、これは大きく間違った認識であると考えざるを得ない場面を、これまで私はたくさん見てきました。

これまで指導してきた3500人以上の生徒から「できる子」の特徴として「突き抜けている」ということがあったのです。これはどういうことかというと、次のようなことなのです。

「彼らは、勉強を競争とは捉えていない。勉強の中身に入り込み、それをわかろうとし、理解しようとし、ある意味、楽しもうとさえしている」ということなのです。

端からみれば、何時間も勉強していて大変だろうと思えても、本人は集中して内容面に入っているため、周囲が考えるほど大変ではないということなのです。しかもこのとき、競争という意識はないのです。

子どものときに、「順位や偏差値を気にして勉強していた」のか、「どこをなぜ間違えたのかを気にして勉強していた」のか。これが、その後の人生を決定的に違うものにしていくのです。

本当の意味でできる生徒は「競争という概念」がありません。つまり、競争するとかしないとか、そのようなことに意識をおいていないのです。目の前の問題や疑問点について、取り組む（入り込む）だけ、という単純な構造なのです。

東京大学には、思考力の高い人がたくさんいますが、よくよく考えてみると、東大でも入試ではトップで合格した人もいれば、ギリギリで合格した人もいるのです。

以前、そのトップ層の人たちと座談会をしたことがあります。そのときに感じたことは、彼らは、高校時代にすでに「勉強ではなく、学問をしている」ということでした。

読書でも哲学書を読み、あるテーマについて考えていたり、数学では高等数学に関心があって取り組んでいたり、ある意味〝趣味の域〟で楽しんでいるという様相でした。合格のために必死で勉強するというイメージとは、かなりかけ離れています。

では、「どうしたら、競争世界にはまらずに、自らの世界に入っていけるようになっていくのか」ということが気になりますね。私が実際、子どもたちを指導するときに使った3つの方法があるので、よろしければ参考にされてみてください。

1.「他者との比較はしない」 ──過去の自分との比較（成長）はよい。他者のよさは参考にして、悪いところは反面教師（自分はやらない）とすればいい。

↓ これは簡単なようで、結構難しいですね。もちろん一度や二度で変わるはずがありません。これまでずっと競争が正しいと刷り込まれていた場合はなおさらです。しかし、そこを何度もしつこく意識させるために、事あるごとに話をすると変わっていきます。

2.「『面白い』と感じている人の影響を受けることで、共鳴現象が起こる」 ──その世界で楽しんでいる人と出会うと、面白さの共鳴が起こることがある。

↓ 物事は何でもそうですが、「面白い」「楽しい」と思っている人から教わると、楽しくなるものです。そして楽しんでいる内は、競争という概念が消え、共有、協調が生まれてきます。

3.「人と同じであることが正しいとはかぎらない」

↓もちろん、公序良俗《こうじょりょうぞく》に反するようなことはいけません。

しかし、人と同じであることが正しいと錯覚している子が多いため、自分の意見が言えなくなり、人に合わせようとする子が増えていますね。質問しても「わかりません」と言うか、前に答えた生徒と同じ答えを言うことが頻繁《ひんぱん》に起こるのは、人と同じであることが正しいと思っている子がいかに多いかということでしょう。

自分の意見を持つこと、そして他者の意見を理解すること、このような認識に慣れてくると、競争ではなく、共有、協調が大切であるということが、実感できるようになっていきます。そして、そのような子が中学受験のみならず、その後の人生も楽しんでいけるのです。

魔法の会話 19
【志望校に合格できる芯の強い子になるための会話】

これはかなり重要な話なので、紙面を割《さ》いてお話ししますね。

志望校に合格する子は、勉強をたくさんするとか、塾に行く以前に、あることができている子が圧倒的に多いのです。

しかし、この超重要なことは一般には語られません。なぜ語られないのか謎ですが、ここが固まると受験のみならず、自分の人生を思い通りに選択できるようになります。「これまで数々の子どもたちの成績を上げてきたノウハウは何ですか？」と聞かれたならば、それはこれからお話することだと答えます。それは、

「どのゾーンで行きたいかを決める」

ということを子どもたちにさせてきたことなのです。

わかりやすく5段階評価でいえば、「あなたは、1〜5のどのゾーンで行きたいか？」ということです。オール2のゾーンか、オール3なのか、オール5（これらは大方の目安です）なのか、「5つのゾーンのうち、いずれのゾーンを取るのか？」ということです。

このような質問をすると子どもたちは「？」となります。今まで聞いたことのない話なので、驚くのです。続けて私は次のように言います。

「オール1のゾーンもオール2のゾーンも悪くない。どのゾーンを選ぼうがそこには、良い悪いというものはない。それぞれ、ひとつの生き方なので。だからオール1の成績であろうが、それは自分が1で行くと決めたのだから、それはそれでいいのである。

しかし、ひとつだけ重要なことがある。それは、自分よりも上のコースを歩んでいる人を『羨《うらや》ましがったり、嫉妬したりしてはいけない』ということだよ。自分でそのコースを選んでおきながら、羨ましがるというのはおかしいだろう」

「自分でそのコースを選んだ」と言うと、「いや、自分では選んでいない」と子どもは言うかもしれません。

しかし、実際は〝選んでいる〟のです。その証拠に、もしオール4のコースやオール5のコースを選択したなら、それなりの勉強をするはずなのです。それを、勉強しない、宿題をやらない、テスト勉強をしないということであれば、明らかに自分でそのゾーンを〝選択〟しているのです。

これは非常に重要なことなので、「中学生の勉強法」という講座ではいつも話をします。もちろん、中学受験をする子どもたちにも話をします。

子どもたちは、本音では、勉強はできないよりはできたほうがいいと思っています。

しかし、いつしか、自分は〝このゾーン〟と無意識に決めてしまっており、それなりの、態度、勉強しかしないようになっていくのです。もちろん、自己選択の結果、今の自分があるということに、本人は気づいていません。それをまずは気づかせてあげることが必要なのです。

先ほど述べたように、私は、別にオール2やオール3が、悪いとは思っていません。オール1のゾーンでもその後の人生を謳歌《おうか》し大成功された方もいらっしゃいますし、英語もできず、学校の勉強もできなかったが、海外で成功された方も知っています。たかだか、学校のかぎられた教科の成績ぐらいで人としての価値が決まったり、人生が決まったりするものではありません。

しかし、一番よくないことが、「羨望《せんぼう》」「妬《ねた》み」といった負の感情を持つということなのです。それがあると、自己選択した価値あるゾーンでなくなっていきます。ですから、「自分が選んだそのゾーンに本音で満足しているのであれば、問題ない」というのが、私の考えです。

このような話をすると、多くの子どもたちは、できるものなら、違うゾーン（成績にお

ける上のコース）へ行きたいと言います。それに対して私は、

「もちろん行くことができる！」と返答します。

しかしそのためには、まず、「どのゾーンで行くかを決めなければいけない」と言います。

現在、オール２の子はオール３にしたいと言い、オール３の子はオール４にしたいと言います。ここでようやくスタートラインに立ったことになります。この決心ができたあと、私は、続けて次のような質問をします。

「それ、本気？」

「そのためには、○○ぐらい勉強しなければならないけど、それでも本気で行く？」

この「本気」については第1ステップでもお話しした超重要なキーワードですが、本気で決心が固まっていない子は、考え込んだり、「できれば行きたい」という曖昧《あいまい》な返答をしてきます。

そのような状態であれば、まだ本気ではない段階なので、今後、途中であきらめてしまうことでしょう。ですから、このやりとりを、「本気で決めた」と言える状況になるまで繰り返します。ここが確定するとあとの成長が早いのです。

さて、私は子どもたちをこのように指導してきましたが、ご家庭においては、どうすればいいのかということですが、次のようなステップでお話をされるとよいでしょう。

1. 「今の自分の成績は、自分で〝あらかじめ決めた〟結果である」ということを認識させる。

2. しかし、自分で選択を変える決心をすることで、ゾーン（合格できる学校）が変わるようである（もし、お話をされる保護者の方が、この考え方に信念がある場合は、「変わる！」と断定形で話されてもいいですが、そうでない場合は、伝聞的に「そう言われている」

と語ってもいいでしょう）。

3.「その選択したゾーン（一般的に今よりも上のゾーンになる）で行くには、もちろん『勉強する、授業態度をしっかりする、宿題などの提出物をしっかり出す』という当たり前のことをやるようになるが、それでもそのゾーンを本気で選択する？」と確認する。

4. ゾーンは親が決めるのではなく、子どもが決めるものです。親の欲によって子どもをコントロールしようとすると、その後、失敗をしたときには親の責任にしてくる可能性もあります。自己決定、自己責任を中学受験という場を通じて、教えていくことも大切なことだと思います。

ですから、仮に、子どもが現状のゾーンのままでいいという選択肢もあります。その場合は、今後決して、自分より上のゾーンを行く人に対して、羨ましがったり、妬んだりはしないように。自分のことを卑下したり、他人に対して不平不満を漏《も》らしてはいけない。なぜなら、自分で選択したことなのだから、と伝えるといいでしょう。

魔法の会話　まとめ

魔法の会話13【テストの点数が悪いときの会話】

「じゃ、一緒に見てみようか」「これ、どうやったら、マスターできるかな？」

魔法の会話14【相手の気持ちになる】

「あなたの気持ちはよくわかった。じゃ、世の中多くの人が選ぶとしたらどれを選ぶと思う？」

魔法の会話15【言葉の種類をマイナスからプラスにする会話】

「『できない、できない』と言っていると、どんどんできなくなっていくらしいよ。言葉の通りに実現していくから怖いね～」

魔法の会話16【自分に自信が持てる子になる会話】

「これができていれば大丈夫だ！」「これは普通なかなかできない」

魔法の会話17【失敗・間違いを成功に変えられる子になる会話】

「間違えた問題は君にとっての〝宝〟になっている！」

✤魔法の会話18【他人との競争ではなく、自分との競争を意識させる会話】

☞「競争という意識を持っていないから、トップに上りつめることができるようになるんだよ」

✤魔法の会話19【志望校に合格できる芯の強い子になるための会話】

☞「○○ぐらい勉強しなければならないけど、それでも本気で行く？」

第4ステップ

生活習慣が整う「会話」

このステップでは、「生活習慣」について取り上げます。生活習慣は、中学受験をするしないにかかわらず、学力と直結しているため、外すことはできません。特に中学受験では、勉強する時間が多いため、時間管理を含めた生活習慣を整えることは絶対条件でしょう。

しかし、小学生の子どもにとって、勉強よりは遊びのほうが楽しいですし、できればずっと寝ていたいと思うことでしょう。また、たまにはダラダラしたいということもあるかもしれません。

私は、修行僧のようにこれらを戒《いまし》めて、難行苦行（受験勉強）をするほうがいいとはまったく思っていません。たまにはダラダラがあってもいいのではないでしょうか。寝られるときに寝ることがあってもいいでしょう。要は、その不規則が継続しなければいいというだけの話で、1日たりとも乱れてはいけないとなると、疲れてしまいます。ですから8割主義でいいかと思っています。

しかし、生活習慣という言葉の通り、習慣なので、一旦習慣化してしまうと、たいした努力をしなくても継続できてしまいます。なので、早いところ、習慣化させていくに越したことはありません。

中学受験をする子どもの生活習慣については、特に「時間管理」が最大のポイントでしょう。

これができるかできないかで、効率性は天と地ほど離れます。

しかし、親も子もスケジュールの立て方を教えてもらったことはないでしょうし、塾が教えてくれることも少ないのではないでしょうか。

仮に第三者から教えてもらったとしても、家庭によってライフスタイルはバラバラであるため、一様に適用できるとはかぎりませんね。このような背景があるため、なかなか自分の子にあった時間管理表がつくれないのが実情です。

そうすると出された宿題や月例テストに向けて勉強するという目先の対策に翻弄《ほんろう》されるという事態が起こります。

多くの場合、中学受験塾がある意味、年間スケジュールを組んでいるので、それに従っていけば、大きな流れは問題ないと思います。しかし、大量の宿題や大量のテスト勉強に、子どもが家庭で日々どう対応すればよいのかということまでは面倒をみてくれません。

「○月○日に月例テストがあるから勉強しておくように」と言うだけで、あとは家庭に任されているのです。これまで中学受験に成功した家庭を見てみると、効率的で効果的なスケジュールが組まれていました。

しかし、これはその家庭独自のものであり、ある意味シークレットでもあるのです。中学受験に成功する家庭がやっているスケジュール管理については、それだけで1冊の本になるぐらいの量ですので、また別の機会に公開したいと思っていますが、本書では、親子の会話を通じてどのように時間のメリハリがつけられるか、特に最近多くのママさんが困っている、ゲームにハマっていて勉強する時間が少なくなっているという点について、どのような会話をしていけばいいのかということについてお伝えしましょう。

魔法の会話20【勉強が気乗りしないときの会話】

勉強が気乗りしないとき、それは遊びモードから勉強モードに変えるときに発生します。これは大人では、仕事オフのモードとオンのモード、プライベートモードとビジネスモードといってもいいでしょう。

子どもは学校から家に戻ってきて、すぐ勉強するということは通常あり得ません。勉強が大好きな子は別ですが。大人も出社していきなりバリバリ仕事をするということは稀《まれ》ではないでしょうか。そこで、重要になってくるのは、モードの切り替えをするための「グレーゾーン（曖昧な時間）」をつくるといい、ということを教えてあげるのです。

次の会話をご覧ください。これは私が指導してきた子どもたちによく話をしていた会話です。

「君は家であまり勉強していないようだね」

「……はい」

「やる気が起こらないんでしょ」

「学校から帰ってきて、すぐには勉強する気になりません」

「そりゃそうだよね。いきなりやるなんてあり得ないよね。でも、ゲームだったらどうする？　すぐやるんじゃないの？」

「そうかも」

「ゲームは面白くて、勉強は面白くないから、当然面白いほうを選ぶよね。でも、できれば勉強をしたほうがいいと思っているんだよね」

「はい」

「重要なことは、『勉強する雰囲気』にもっていく準備作業ができるかどうかということなんだよ。もし勉強するようになりたければ、教えるけども、知りたい？」

「はい。教えてください」

「人によって型がいろいろあるんだけど、家で勉強する前に、まず『勉強のような遊びのような作業』をやるんだ。先生も子どもの頃、家でなかなか勉強する気になれなくて困っていてね。そこで考えたんだ。

どうすれば自分をやる気にさせられるか。

それが『漢字の練習』だった。漢字は勉強の一種だけど、字の練習のようなものでもあるよね。

毎日、家で勉強するときに、いきなり算数や英語などをやると、やる気が出ないから、いつまでもやらない状態が続いてしまうけども、簡単にできる『漢字の練習』を最初に十分ぐらいやると、自分の気分が『OFFのモードからON（勉強）のモード』へと変わるんだよ。面白いもんだね。そのあとは、算数でも理科でもなんでもやったらいいよ」


これは私が偶然、中学生のときに発見したことでしたが、その後、集中できないタイプの人が集中できるようになった場面を見ていると、作業の前にある「型」を持っていることがわかりました。

つまり、気持ち（心）を切り替える「型」を持っており、それを行うことで上手に自分の気持ちをコントロールしているのです。

そこで家庭ではどのような会話をしたらよいか次に書きましたので、参考にされてみてください。

「学校から帰ってきて、勉強とかやる気って起こる？」（**子どもの気持ちを言葉にして表現する**）

「起きない」

「だよね。普通、いきなり勉強はやれないしね。でもやる気になるような方法があるみたいよ」（**聞きたくなるような表現で終える**）

「へ～、どんな？」

「それね、勉強のような勉強じゃないようなことからやるらしいのよ」（**初めからたくさんしゃべらずに、さらに聞きたくなるように簡潔に伝える**）

「どんなことやるの？」

「学校から帰ってきて、いきなり塾の勉強とか宿題とかやるのは大変でしょ。あまりやる気が起こらないよね。そこで、例えば、漢字の問題集を十分だけやるようにしたりするのよ。もちろん漢字が嫌いな場合は別のことでもいいんだけど。漢字って勉強の一種かもしれないけど、国語の問題をやるとか、理・社の暗記をするとか、算数の問題をやるよりも、漢字って軽い気持ちで入っていけるみたいね。で、その漢字を十分ぐらいやっていると、気持ちが勉強モードに切り替わっていくんですって」**（漢字が嫌いという可能性もあるので、他にも方法があるという感じで話す）**

「ほんとかな。僕は漢字は嫌いだ」

「漢字が嫌いなら、そこから入らずに、別のことから入ってもいいみたいよ。ようするに、やってみてもいいという作業から入ることがいいんだって」

「僕は算数の計算ならやってもいいと思う」

「じゃ、計算ドリルを10分することから1日の勉強をスタートさせてみたら～」

（「やりなさい」ではなく、「やってみたら」という促しにする。やるやらないの選択は子どもに任せる）

いかがでしょうか。このような会話で上手に子どもが「やってもいいかも」と感じるように話をしてあげるといいでしょう。勉強が嫌いでゲームがいいという子がいますが、「勉強の中で比較的やってもいいことから始める」というのがコツです。

魔法の会話21【整える習慣をつくる会話】

中学受験は勉強する量が多く、塾で配布されるプリント、テキスト、問題集、参考書など、それだけでもどのように整理するか大変です。また、このような物理的なモノの整理は、知識の整理にも繋がり、とても重要になってきます。整理整頓は、なんでも完璧にきちっとする必要はありませんが、ある程度、整っていることは重要なことです（ただし、身の回りの整理整頓がまったくできないが勉強がとてもできる一部の天才型の子は除く）。

しかし、一般に子どもたちは自分で整理整頓はできないことが少なくありません。その理由は、「面倒臭い」というものです。そうすると親は「整理整頓しなさい」「片付けなさい」と言うのですが、そのようなことをいきなり言われても、無理というものです。なぜなら「片付け方を知らない」「整理整頓することの意味がわからない（メリットが感じられない）」

からです。

そこで、身の回りの片付けはどうでもいいことなので、面倒臭くてやらなくても、自分の勉強道具については、やる可能性はあるのです。

なぜなら、中学受験という目標にかかわる道具なので、ノートやプリント、問題集を使って、整理整頓をやっていくことで、それが効率的であるという、自分にとってもメリットが感じられるようになるからです

はじめは、一緒に片付けをしていくことが大切ですが、そこでポイントなのが、親が片付けは面倒臭いものという感じでやらずに、「楽しいよね片付け」という意識を持ってやることなんです。そのための会話例を次に書いておきます。

「塾から配布されるテキスト、たくさんあって大変ね〜」**（共感から入る）**

「たくさんありすぎて、よくわからない」

「じゃ、整理整頓していこうか〜。整理する箱とか必要だね。じゃ、まず整理するのに必要なものって何か考えてみよう〜」**（ただ整理整頓するだけではスイッチが入らないことが多いので、整理グッズを用意するという子どもが興味を持ちそうな話題にふる）**

（親子で、テキストを入れる紙ボックスやクリアファイル、タイトルをつけるシール、場合によっては棚などをリストアップ）

「まずはこれを買いに行こうかね〜」

「クリップも必要じゃない？　プリントまとめておくのに」**（子どもが自主的に必要なものを言ってきたら、この段階ですでに整理整頓は自分ゴトになっている）**

「そうね。じゃそれもリストに入れておこう」

おわかりでしょうか。「共感」「グッズ」「一緒に」「子どもの目標にかかわるもの」がキーワードです。

その他の片付けができなくても、子どもの目標にかかわることでメリットになることから整理整頓をやっていくといいでしょう。

中学受験の子の場合は、無駄がなくなり、物理的整理が情報整理に繋がるため、かなり早い段階で、勉強の成果となって出ることがわかると思います。

魔法の会話 22
【ゲームの時間のルールを決めるときの会話】

子どものゲーム問題、スマホ問題は現代における家庭の最大の懸念《けねん》となっています。「Mama Café」や講演会でも、この問題は子どもの年齢が上がるにしたがって、幾何《きか》級数的に上がり出します（つまりものすごい数ということ）。

しかし、これは果たして問題なのか？　という疑問もあります。拙著『新時代の学び戦略』（産経新聞出版）でも書きましたが、世界の教育現場は変わってきており、それは日本も例外ではないのです。

令和の時代は、おそらく教育のあり方も変わり、ゲームの位置付けも変わってくることでしょう。しかし、中学受験という膨大《ぼうだい》な量の勉強をこなすためには、ある程度の勉強時間は確保しなくてはならず、ゲームをやっている姿に親御さんがヤキモキする気持ちはよくわかります。

そういうこともあって、中学受験をテーマとして講演会でお話ししていることがあります。

〈中学受験で成功する子の特徴のひとつ〉
【ゲームにハマりすぎていない】

ゲームをすることはまったく問題ないが、ハマりすぎると時間的メリハリがなくなり確実に勉強に影響を与えるため、中学受験を乗り切ることは難しい（ただし例外的にゲームにハマっているが相当高い偏差値を出す子もいる）。

息抜き程度であれば逆に効果的かと思いますが、それを越してしまうと、一部の天才的な子を除き、通常はデメリット化していく可能性があります。

そこで、ゲームについてどのような取り決めをする会話をすればいいか、一例を挙げますので参考にしてみてください。

「ゲームをやってもいいけど、ルールを決めよう。どれぐらいゲームやりたいの？」

（まずは子どもの意見から聞き始める）

「……」

「1日1時間とか？」**（通常、意見を聞かれることが少ないため子どもは黙ることが多い。その場合は例を挙げる）**

「うん」

「1日1時間でもいいけど、ゲームってそんな簡単に1時間できっぱりやめられるものなの？　ものすごく盛り上がっているときに、『はい、1時間経ちました、終わりです』といって終われる？」**（この意外な盲点を初めに問わない家庭が多いが、上手に運用できている家庭はこの点を初めに話している）**

「難しいと思う」

「じゃ、どうしようか。もっと伸ばす？　2時間とか？　でも今度は2時間できっぱり終われるのかなぁ」

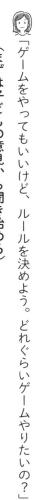

「……」

「もうひとつの方法は、月曜から金曜はゲームなしで、土曜日にゲーム5時間という方法もあるよ。1週間あたりの合計時間は同じだよね。どちらがいいかな」**（別のオプションを提示し、子どもに決めさせる。親は選択肢の提示をして、選択は子どもがする形が望ましい）**

「毎日1時間のほうがいい」

「そうわかったわ。1時間を超えちゃってやる場合もあるよね。そのときはどうする？」**（子どもはかなりの確率で約束を破るので、破った場合どうするかを決めておくが、子どもの考えを先に言わせる）**

「ゲーム停止でいい」

「1秒でも過ぎたらアウトになるけど、それでもいいのね」**（大抵は数分オーバーして、親はそれをブツブツ言いながら許してしまうことが多いが、そのようなことが起こらないようにこの段階で話をしておく）**

「うん」

（その後、約束を破った場合のペナルティを決める）

このような会話をすると、かなりの確率でルールが守れるようになるのですが、問題は親のほうなのです。親が約束を破ってしまうのです。意外に思うかもしれませんが、多くの場合、親の側が約束を破ることで取り決めたルールは破棄されてしまうのです。

通常、子どもは初めに決めた通りにはしません。

例えば1日1時間のゲームと決めたとして、1時間きっかりで終わることなどできるはずがありません。

そうすると「これが終わってから」と言って子どもはゲームを続けます。そのときに親が、ブツブツ言いながら「しょうがないね!!!」と言って、約束したペナルティを実行しないのです。つまり、ここで親が「約束を破ってしまう」のです。

1時間と約束したら、あくまでも1時間で終了であって、1時間1分でもなく、1時間1秒でもないのです。ここが、親が試される場なのです。

もし、一度許してしまうと、その後、ペナルティを実行しても、子どもは「この間は、

1時間2分までは大丈夫だったのに、なんで今回はダメなの!!」と言ってキレる場合もあります。ですから初めが肝心なのです。これを教育といいます。

魔法の会話23【無理のない生活習慣をつくるための会話】

「生活習慣を正す」というのは、親として気になることのひとつです。生活習慣とはある種のリズムで、その感覚ができると勉強もはかどります。

しかし、生活習慣が大切であるということはわかっていても、いつの間にか、ダラダラとしていたり、時間に追われてキッキッになってしまうこともあるでしょう。特に中学受験を目指す場合、一般的に塾に行くでしょうから、就寝時間が遅くなり、翌日に影響を与える場合も少なくありません。

勉強ができる子は、さぞかし睡眠時間を削って勉強しているに違いないと思われる人もいるかもしれませんが、そのような子もいますが、睡眠の専門家で脳科学者の知人の話によれば、そうではないと言います。

子どもの頃は睡眠がある程度必要で、それが脳の活性化にもつながるというのです。東大生にヒアリングすると勉強はもちろんしていたけれども睡眠時間を削ってまでの勉強はしていないという人が多いことからも、睡眠の大切さを物語っています。

では勉強ができる子はどうしているかというと、勉強や生活に無駄がないということなのです。そうすれば与えられた24時間で十分にこなすことができるということなのです。

ですから生活習慣というのはかなり大切なのですが、無駄のない効率的な生活を送るにはどうしたらいいのかということを親子の会話でつくっていくといいでしょう。

「最近、夜遅くなっているけど、朝つらくない？」**（つらそうな現状から話をしていく）**

「うん。朝、めちゃくちゃ眠い」

「なんで、朝眠くなっちゃうんだろ」**（原因を自分で考えさせる）**

「夜遅いから」

「そうね。夜、遅いもんね。夜遅くなっちゃうのはどうして？」**（さらに「なぜ」を使って原因の深掘り）**

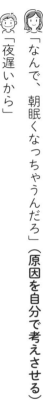

「だって塾の宿題が終わらないんだもん」

「塾の宿題も終わって、睡眠時間も取れる方法があるみたいよ」**（現状のつらさを解決する方法があることを伝聞形で伝える）**

「どんな方法？」

「まず、1週間のスケジュールを紙に書いてみよう。どこの時間で何をしているかな」**（これが最も重要な作業）**

（ここで、紙とペンを持って、1週間の棚卸《たなおろ》し作業をしてみる）

「ここは学校行っていて、この時間は塾でしょ。この時間は何してる？」**（ここからは親が主導してスケジュールの確認を一緒にしていく）**

「ゲーム」

「ではここはゲームで、ここは？」

「そこは、宿題」

「学校の宿題？　塾の宿題？」

「学校の」

「学校の宿題をするのはこの時間しかない？」**（この質問をすることで別の方法があることを気づかせる）**

「ん〜、この時間ならできるかも」

「じゃ、この時間でやってみようか」

こうやって、子どもを巻き込みながら、1週間のスケジュールを見直していくのです。

親主導型で時間割をつくり、「この通りにやりなさい」と言うのは避けたほうがいいでしょう。

なんでもそうですが、ルール決め、枠組みを決めるときは、相手（子ども）も巻き込んでつくり上げていくのです。そうすると一方的な命令によって動くのではなく、自分も納得した上で行動するようになり、ルールを守る可能性が高まるのです。実態としては、親が主導して決めてはいるのですが、子どもの意思を反映させながら、自分も意思決定にかかわっていると思わせていくのです。

●週２回塾通いするＫ君の場合（平日）

	塾のある日	塾のない日
15：00	学校終了 ↓電車移動	学校終了
16：00	塾（中学受験専門）	自宅着 学校の宿題など
17：00		
18：00		ゲーム 30 分
19：00		食事
20：00		
：45	塾終了 ↓電車移動	お風呂
21：00		
：30	自宅着	就寝
：40	食事	
22：00	お風呂	
：30	就寝	

魔法の会話24【勉強を習慣化できるようになるための会話】

最後に、継続して勉強する子になるための会話についてお話ししましょう。中学受験を目指すという目的があれば、勉強の習慣化というのは、どのような子でもできます。しかし、そのためには3つの習慣化の原理を知らなくてはなりません。

1. 継続した期間が必要→通常は3週間継続することが前提になります

2. 例外をつくらない→勉強であれば土曜と日曜をやらないという例外をつくらず、毎日なのです

3. 初めのうちは意識的に努力が必要→努力が必要なうちは習慣にはなっていませんが、初めは努力が必要になります

そして、この3つについて子どもに話をしてあげるのです。ただ「習慣は大切よ」と言っても子どもの心にはまったく響きません。そんなことはわかっていて、習慣化するためには具体的にどうすればいいのかを知りたいのです。

そこで、まずは習慣の原理について話をしてあげましょう。そうすると子どもは理解します。理解したことは実践する可能性が高いものです。会話になるとこんな感じです。

「勉強って習慣にするのが大切って言うけど、どうして習慣にするのを大切にするかわかる？」

「たくさん勉強するようになるから？」**（まずは当たり前の答えが返ってくる）**

「それもあるかもしれないけど、実は習慣になると努力しなくてよくなるからなんだよね」**（子どもにとって意外なキーワード「努力しなくていい」を初めに出してしまう）**

「努力しない？　勉強って努力するもんじゃないの？」

「もちろん、努力しないというのは、勉強しないという意味ではなくて、頑張ら

なくても勉強をやってしまっている状態になれるという意味なのよ」（**子どもに**
とって難しいことをあえて言っている）

「よくわからない」（**案の定、わからないとなる）**

「例えばね、歯を磨くことって毎日努力している？」（**そこで身近で具体的な例を**
あげていく）

「してない」

「なぜ、努力しなくて歯を磨けるの？」（**「なぜ」というマジックワードも入れな**
がら考えさせていく）

「だって、毎日やるのが当たり前になっているから」

「そうよね。しかも、いつ歯を磨いている？」

「朝と寝る前」

「そうね。それって、毎日ほとんど決まった時間にやっていない？　もし1日
2回、いつでもいいよと言われたらどうかな？」（**一旦、話をまとめて、習慣化**
できないケースについて視点を変えていく）

「たぶん、やらなくなる」

「だよね。ということは頑張らなくても毎日面倒な歯磨きを努力をしないで2回もやってしまうためのコツって何？」**（子どもに何が重要なのを考えさせている）**

「決まった時間にやっていること」

「そうね。さらに、もし土曜と日曜は歯磨きしなくていいとしたらどうなるかな？　月曜の朝とかどう？」**（もうひとつ重要な習慣化のポイントについて考えさせている）**

「磨くのつらいかも」

「じゃ、なぜ今つらくないの？」

「毎日やっているから」

「そういうことだよね。勉強も同じじゃない？　毎日決まった時間に勉強するようにしたら、歯磨きと同じように、努力しなくてもやることが当たり前になっていくと思わない？」**（最後に習慣化してしまえば楽であることを感じさせている）**

このような会話をしていくと、習慣化が大切であるということと、さらにどうすれば習慣化できるのか、そして習慣化できれば楽になるということを感じていくようになります。

すると、勉強の習慣化をやってみようかなという気持ちに子どもがなってくれれば、あとはスケジュール表を一緒につくればＯＫです。

魔法の会話　まとめ

魔法の会話20【勉強が気乗りしないときの会話】

「普通、いきなり勉強はやれないしね。
でもやる気になるような方法があるみたいよ」

魔法の会話21【整える習慣をつくる会話】

「じゃ、まず整理するのに必要なものって何か考えてみよう〜」

魔法の会話22【ゲームの時間のルールを決めるときの会話】

「ルールを決めよう。どれぐらいゲームやりたいの？」

魔法の会話23【無理のない生活習慣をつくるための会話】

「なんで、朝眠くなっちゃうんだろ」

魔法の会話24【勉強を習慣化できるようになるための会話】

「例えばね、歯を磨くことって毎日努力している？」

第5ステップ

よく質問される中学受験Q&A

このステップでは、中学受験を考えている方からの実際にあった質問について答えています。おそらく多くの中学受験組の方が直面する悩みだと思います。相談内容はざっくりと書かれているため、具体的なお子さんの状況によって回答が変わる場合がありますが、基本的な対応方法として、よろしければ参考にしてみてください。

【相談1】中学受験をするかどうか迷っています。中学受験をするかどうかの判断基準がありましたら教えてください

【回答1】中学受験をする動機が何かによりますね。よくある理由のひとつが、地元の公立中学が荒れているので、そこには行かせたくないというものです。さらに、東京あたりですと、周りがみんな受験するから自分の子どももという理由もあります。

どのような理由にせよ、最大のポイントは「子どもが中学受験をしたいと言っているのかどうか」です。

塾や受験情報など親が動いていくことは必要でしょうが、実際に受験し学校に行くのは子どもなので、その本人がどう思っているのかが非常に大切になります。本人がやりたくないと言っているのに、無理やり塾に入れて勉強させたけれども、勉強が面白くなったというケースもなくはないでしょうが、基本的にはやめたほうがいいでしょう。

そして、本人が中学受験したいと思っている場合で、次にポイントになるのは、どの学校にするかということですね。

そのときの親の視点は、「自分の子どもの成長につながりそうな学校であるかどうか」を判断基準にされるといいでしょう。偏差値も選ぶ際のポイントになるかもしれませんが、それ以上に大切なことは、「子どもの成長につながる学校かどうか」です。

私立中学はそれぞれ建学の精神というものがあり、学校独自の特徴があります。そして実際にどのような生徒が通っているのかも見に行くといいでしょう。文化祭は比較的オープンになっていますので、そのときにどのような子どもたちがいるのかを見ておくといいでしょう。偏差値の基準での選択はあとからで結構です。

【相談2】中学受験の塾選びのポイントを教えてください

【回答2】中学受験をするとなると、受験勉強をしなくてはなりません。通常は、独学は難しく、塾に通うことになるでしょう。しかし、中学受験塾といっても様々です。大手の進学塾から、中小の進学塾、個別指導塾、家庭教師が一般的なカテゴリーでしょう。最近はそれにオンラインによる授業を行う塾も入ってきています。通塾する場合の選択肢としてまず思いつくのが、大手の中学受験塾でしょうが、大手の場合、子どもの自立性が求められると考えていいでしょう。

つまり、自分からわからないことを積極的に質問できるかどうかとか、宿題や小テスト、月例テストに対して、きちんと勉強することができるかどうかです。これらができないと、クラス分けで下のほうになることでしょう。もし、下のクラスに継続して〝定住〟している場合、それはその子が悪いのではなく、その塾にその子が合っていないと私は考えています。まだ自立性が出ていない場合は、面倒見のよい塾のほうがいいかと思います。

また、教育成果は「どの塾で教えてもらうのか」というよりも、「誰が教えているのか」

で決まるため、指導してくれる先生が誰なのかを知っておくといいでしょう。この出会いが非常に大きいのです。小学生の頃は、まだ精神的成長段階にも差があり、また能力の早咲き、遅咲きがあるため、その子の性格にあった塾、先生を選択されるといいでしょう。

【相談3】親としてどこまで勉強をみてあげればいいのでしょうか

【回答3】中学受験は親の受験と言われるくらい親（特にお母さん）が関与することが一般的です。しかし、親も一緒に科目を勉強しなくてはならないのかというと、その必要はないと思います。もちろん、勉強が大好きで親も一緒に学びたいというのであれば無理には止めませんが……。

でも受験勉強にある程度、関与はしますね。ではその関与とは何かということです。関与は、子どものスケジュールを立てることのサポート、すべての問題をやらずに取捨選択する作業のサポートだと考えています。

わからない問題を教えるのは、先生の役割であり親の役割ではありません。また、中学受験塾によっては、特に「算数は親は教えないでください」と言っているところもあるくらいです（親は方程式で解いてしまうため）。では、わからない問題はどうするのか？それを先生に質問することを促すのです。質問する子は学力が伸びる傾向にあります。なぜなら、わからない部分を質問することでそれが印象に残りやすく、得てして、そのような問題がテストに出るからです。ですから質問できる子にしていくように関与していくだけでもかなりの成果はあるでしょう。

【相談4】学校の宿題が多くて塾の宿題との兼ね合いで大変です。どうしたらいいでしょうか

【回答4】通常は、公立学校の場合、それほどたくさんの宿題が出ることはなく、塾との兼ね合いができることが一般的です。しかし、私立の小学校になると、かなりの宿題が出る場合があります。そのようなときは兼ね合いをどうするか考えなくてはなりません。

私が知るかぎりでは、このようなきつい状況を難なくこなす私立小学校に通う子が中学受験を目指していることが多いため、通常はたいした問題にはなりません。しかしそうでない子もいなくはありません。そのケースということで答えておきましょう。

コントロールできるのは【時間と量】

やることが多くて大変な場合、コントロールができるのは「時間と量」なのです。時間とは、無駄のないスケジューリングをすることです。一石二鳥にすることも考えます。例えば、通学する電車の中で簡単な勉強をやってしまうなどです。宿題は家の机の上でしかできないという発想を捨ててしまうのです。また、本書でも紹介しましたが、1週間のスケジュールがどのようになっているのかを紙に書き出して「見える化」させていくといいでしょう。そうすることで、いかに無駄な時間がたくさんあるかということがわかるでしょう（勉強尽くしのスケジュールは避けてくださいね。これは逆効果になるので。あくまでも隙間時間などを見つけて、そこでやれることはやってしまうようにする感じです）。

もうひとつは、量のコントロールです。宿題の量を自分で勝手に減らすということはできないでしょうが、その他の勉強（問題集を解くなど自分の勉強）の量をコントロールすることはできます。多くの場合、やらなくてもいい問題をやっていたりします。例えば、わかっている問題、もともと解ける問題を解いていることや、漢字を書いて覚えたりしているなどです。勉強ができる子は、合理的で効率的にやっています。というより合理的にやっているからできるようになったというほうが正しいのですが。すべての問題を解いているわけではないのです。

ですから全体を網羅した中で、ポイント部分をおさえると量のコントロールができます。この点については本書で触れましたので参考にしてください。

【相談5】今、通っている塾が子どもに合っていないように感じる場合、変えたほうがいいでしょうか

【回答5】基本的に塾を変えるというのはよくない、というのが私の考えです。しかし、これはコロコロ変える場合であって、塾に合っていないというのがどういう状態なのかによって対応は変わります。通常は一度決めたら変えないでその塾で頑張っていくというのが基本ですが、もちろん例外があります。それは、明らかに自分の子どもに合わない塾に入れてしまったケースです。合っていないとは、簡単に言えば「子どもの自己肯定感を下げる塾」ということです。

以前、相談を受けたケースで次のようなことがありました。

小5の子どもを持つ親です。中学受験塾の指導に疑問を持っています。

成績順のクラスが変わって新しい先生になった日、子どもが困惑した顔で帰ってきました。

間違えた問題があり、「●●さんはこんな簡単な問題で間違えているよ～」とクラスみんなの前で笑いものにされたそうです。また考えてもどうしても解けない問題があって何も書けず、空欄にしていたら「ぼーっとしているなら、帰っていいからね」と言われたとのこと。

ほかにもいろいろクラス全員に対して叱責を浴びせていたそうです。

「下のクラスはたくさん空きがあるから行けばいいよ」など。

そこの責任者・教室長に電話したところ「不快にさせたことは申し訳ありません」と口では言うものの、

「とはいえ、お母さん」「言葉は悪いですが」といちいち話をさえぎり、「叱咤《しった》激励《げきれい》するために、僕でもよく言いますよ」「たるんでいると思うときに、はっぱをかけるのは通常です」

「ここは受験のための塾ですから」などと反論されます。
（人前でさらしものにするのは今どき大人世界でもタブーであり今後はやらないこと、力のある大人がうまく反論できない子どもに強硬に言うことの恐怖を考えること、を約束してはもらいましたが……）
この塾で、子どもは伸びますか？　合格しても、長期にわたって、心にダメージが残らないか心配です。この程度でビビる子は（受験は）無理じゃないの、と内心思われている気がしました。
（以上）

この質問に対して、私は、なんと答えたと思いますか。

それは「即刻、その塾をやめさせなさい」ということでした。

なぜなら、目の前の勉強よりも、子どもの心の状態のほうがはるかに大切であると考えているからです。子どもの心には、ワクワク感や、充実感、成長感、を与えるべきであって、挫折感、喪失感、劣等感を子どもの段階で教えるべきではないとも考えています。

叩いて叩いて育てるという根性論的指導法というのも世の中にはあり、それが正しいと信じている指導者もいることでしょう。それはそれでその方法が正しいと思っている方にとっては是となるでしょうが、私は、そのようなあり方を是とはしません。

中学受験は大変なこと、つらいこともあると思います。しかし、喪失感や劣等感を感じさせてまで、果たして中学受験をする意味があるのかどうかを考えなくてはいけません。先述しましたように、どういう指導者と出会えるかということが非常に大切です。合格実績や教室数、友達が通っているからといった表面的な理由だけで判断すると、あとで後悔することになりかねません。誰が教えてくれるのか、子どもはその先生を信頼しているのか、この点が最も重要になります。

【相談6】うちの子は集中力がなく、受験勉強がこのまま進められるのか心配です

【回答６】 集中力は確かに勉強では重要です。気が散る、ぼーっとしてしまうことが多いと、勉強をいくらしても身につかないことは周知の事実です。

しかし問題は、なぜ集中力がないのかということです。集中力がないから、集中力をつけさせるという単純な対策では、まったく効果はないでしょう。さらに裏にある背景を探らないと効果的な対応は取れません。では、その裏にある多くの理由とは何か？

それは「やっていることがつまらない」ということなんです。楽しいことは誰でも集中します。遊んでいて集中していないなんて聞いたことありませんよね。ですから、本来は勉強を遊び化させるといいのです。その遊び化させるために参考になるのが、ゲームやクイズです。ゲームやクイズにハマるにはハマるだけの要素が入っているのです。次の要素を勉強に入れてしまえば、いいのです。つまり勉強の「遊び化」です。

ゲームにハマる要素↓やることの見える化と、やったことの見える化

クイズにハマる要素↓時間制限とヒント

これらを入れることでハマる可能性はかなり高まります。これは男女問わずです。

このゲームにハマるように勉強にハマっていく仕組みを私はつくりました。それを「子ども手帳」と言います。現在1万人ぐらいの子どもたちが全国で使っています。このような手帳を使ってもいいですし、ノートや紙に書き出していってもいいですので、ぜひ「遊び化」できる仕掛けをつくってみてください。

＊『はじめての子ども手帳』（作：石田勝紀　ディスカヴァー・トゥエンティワン）
『できたよ手帳』（監修：石田勝紀　学研ステイフル）

【相談7】思うように結果が出なくて、子どもがやる気をなくしているのですが、どう声かけしたらいいですか

【回答7】結果が出ない理由はふたつ考えられます。ひとつは、間違った勉強方法をしている場合です。この場合はいくら勉強しても結果は出ません。もうひとつは、「成果はすぐに出るものではない」ということを知っておくことです。この場合は、次のような話を子どもにしてあげてください。

「勉強は、やればすぐに上がっていくものではなく、徐々に上がっていくものなんだよね。目安は3カ月で変化が少し出て、6カ月で明らかに伸びていることを感じられるようになっていくようよ」

具体的な科目でいえば次のようになります。

【国語】国語はやり方がわかれば一気に上がっていきますが、わからないとずっと偏差値は変わりません。

【算数】算数は、積み重ねなので徐々に上がっていきます。いきなり上がることはありません。

【理科・社会】理・社はやった単元の分だけ点数につながりますが、やらない部分があるとまったく点数が取れないため、年間を通して、インプットの度合いによってムラが出やすい科目です。

このようにしてみると、そこそこ勉強していれば、全体としては徐々に上がる感じで、初めのうちは、上がっている気がしないことでしょう（勉強している気になっていると、もっと上がるはずという期待が大きくなっていくため、相対的に今の自分は上がっていないと感じますが、実際は確実に上がっています）。

以上のように、まずは勉強方法の問題がありますが、普通に勉強していれば、徐々に上がっていくことを教えてあげてください。実際にかなり上がってきたと実感するのは、夏休みや冬休みのような長期休みが終わったあとです。この時期は学校がないので、受験勉強をする時間が比較的多いため、上がっている感じがわかると思います。しかし、他の子もそれは同じなので、他の子とは比べないことが大切です。

おわりに

いかがでしたか。本書は、中学受験をしない子にとっても効果的な内容がふんだんにあったと思います。しかし、あえて中学受験を考えるご家庭向けの書き方にしました。というのも、中学受験はある意味、子どもにとっての最初の試練です。これは親にとってもそうでしょう。自分の受験よりも緊張し、自分のときよりも真剣になり、自分のときよりもイライラすることが増えていることでしょう。

そのとき、親としてどうしたらいいのか。どう声かけしてあげればいいのかと思い悩むことでしょう。そして、よくわからないまま、月日が過ぎ、あっという間に受験です。

そのように受験まで悶々《もんもん》と過ごす中、具体的にどのような会話をしていけばいいのかというガイドラインがあると、ずいぶんと救われると思うのです。

私は、20歳で起業して以来、これまで30年以上教育をやってきました。そこで出会った親子の数は、千単位ではなく万単位になります。もちろん中学受験をされるお母さんの数も膨大《ぼうだい》な数になります。そこからわかったことは、中学受験には合格・不合格はありますが、単純に不合格＝失敗ではないということです。不合格になり公立中学に進学し、公立トップ高校からいわゆる有名大学に進学する生徒もたくさん見てきました。そう考えると、中学受験はひとつのいい経験であったということになります。もちろん合格していれば、それはそれでまた別のドラマがあることでしょう。どちらに転んでも、その子が伸びていくことができればいいのです。

しかし、12歳程度で、不合格という烙印《らくいん》をおされる経験をするよりは、できれば合格し、自己肯定感を上げていければそれはそれでいいことです。

私は、これまでの万単位のご家庭と関わってきた経験と、私自身が実際に子どもたちを指導してきた実績から、どのように話をしていけば子どもがやる気になったり、学力が上がるようになるかを知っています。それを本書の中に、余すことなく書いていきました。

24の会話を書きましたが、もちろん、これらすべてを実践する必要はありません。実践してみたいと思ったいくつかをされるだけで結構です。私は必ず講演会でいつも次のようなことを初めに言います。

「今日の講演会はものすごい数のお話をします。おそらく皆さんはたくさんメモを取られることでしょう。そして、講演会が終わった段階で、『お腹いっぱい』になるでしょう。お腹いっぱいになると人は何ひとつ実践できなくなるのですね。なので、今日の講演会の中で実践できそうなことを『最大3つ』に絞ってみてください。2つでも1つでもいいです。そして、それを試しにご家庭で今日やってみてください」

本はどのような境遇にある人が読んでいるかわからないため、多くの方にヒットするテーマをふんだんに盛り込んで書いています。ですから、もともとすべてを実行するのは不可能なので、できない部分に注目するのではなく、できそうな部分に注目してみてくださいね。

それでは、お子さんが笑顔で春を迎えられますことを願いつつ、これで本書を終わりにします。

横浜のカフェにて

石田勝紀

〈著者略歴〉

石田勝紀（いしだ・かつのり）

一般社団法人　教育デザインラボ　代表理事
公立大学法人　都留文科大学　国際教育学科　特任教授

1968年横浜生まれ。教育者、著述家、講演家、教育評論家。平成元年、20歳で起業し、学習塾を創業。これまで3500人以上の生徒に対し、直接指導してきた。指導は、いわゆる詰め込み勉強をさせず、「心を高める」「生活習慣を整える」「考えさせる」の３つを柱に指導をすることで学力を引き上げる。
2003年、35歳で東京の中高一貫私立学校の常務理事に就任し、大規模な経営改革を実行し、経営改善を図るとともに教師の指導力を高める。また、横浜市教育委員会高校改革委員、文部科学省高校生留学支援金制度の座長を務め、生徒、保護者、教員を対象とした講演会、企業での研修会も毎年200回以上にのぼる。
2015年から東洋経済オンラインで「ぐんぐん伸びる子は何が違うのか？」を隔週連載し100回以上の長期人気連載となり累計7200万PVを超える。(2019/6時点)
2016年からは「カフェスタイル勉強会～ Mama Café」というママさん対象の子育て・教育の学びの会を全国で主催し、毎年1500人以上のママさんから直接相談を受けることで全国のママさんたちが直面する悩みについて最もよく知る一人として知られている。

国際経営学修士（MBA）、教育学修士（東京大学）

著書に『はじめての子ども手帳』『子どもを叱り続ける人が知らない「5つの原則」』（以上、ディスカヴァー・トゥエンティワン）、『中学生の勉強法』（新興出版社）、『30日間で身につく「地頭」が育つ５つの習慣』（KADOKAWA）ほか多数。

石田勝紀 公式サイト　http://www.ishida.online
公式ブログ　https://ameblo.jp/edu-design

◉装丁・本文デザイン・イラスト　齋藤 稔（株式会社ジーラム）

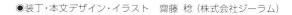

中学受験に合格する親子の「魔法の会話」

2019年8月15日　第1版第1刷発行

著　者　　石田勝紀
発行者　　後藤淳一
発行所　　株式会社PHP研究所
東京本部　〒135-8137　江東区豊洲5-6-52
第四制作部 人生教養課　☎03-3520-9614（編集）
普及部　☎03-3520-9630（販売）
京都本部　〒601-8411　京都市南区西九条北ノ内町11
PHP INTERFACE　https://www.php.co.jp/
組　版　　齋藤 稔（株式会社ジーラム）
印刷所　　凸版印刷株式会社
製本所　　東京美術紙工協業組合

ISBN978-4-569-84362-9